Serie «Conozca su Biblia»

Marcos

por Eliseo Pérez Álvarez

Augsburg Fortress

MINNEAPOLIS

Dedicatoria

A mis estudiantes de las siguientes instituciones:

Seminario Teológico Presbiteriano de México
Seminario por Extensión Nicanor F. Gómez, Toluca, México
Seminario Metodista Gonzalo Báez-Camargo
Seminario Evangélico, Campus de Aguadilla, Puerto Rico
Seminario Evangélico de Puerto Rico
Programa Hispano de Verano
Academia Laica Hispana, Sínodo del Norte de Texas y Louisiana
Seminario-Programa Luterano del Suroeste, Austin, Texas

SERIE CONOZCA SU BIBLIA: MARCOS

Todos los derechos reservados © 2007 Augsburg Fortress. Con excepción de una breve cita en artículos o análisis críticos, ninguna parte de este libro puede ser reproducida en ninguna manera sin antes obtener permiso por escrito del publicador o de quienes son dueños de los derechos de reproducción.
 Este volumen es parte de un proyecto conjunto entre la casa editora, la División de Ministerios Congregacionales de la Iglesia Evangélica Luterana (ELCA) y la Asociación para la Educación Teológica Hispana (AETH), Justo L. González, Editor General.
 Excepto cuando se indica lo contrario, el texto Bíblico ha sido tomado de la versión Reina-Valera 1995. Copyright © Sociedades Bíblicas en América Latina, 1995. Usado con permiso.

Diseño de la cubierta: Diana Running; Diseño de libro y portada: Element, llc

ISBN-13: 978-0-8066-5335-8

El papel usado en esta publicación satisface los requisitos mínimos de la organización American National Standard for Information Sciences—Permanencia del Papel para Materiales Impresos, ANSI Z329.48-1984.

Producido en Estados Unidos de América.

SERIE CONOZCA SU BIBLIA: MARCOS
Copyright © 2007 Augsburg Fortress. All rights reserved. Except for brief quotations in critical articles or reviews, no part of this book may be reproduced in any manner without prior written permission from the publisher. Visit http://www.augsburgfortress.org/copyrights/contact.asp or write to Permissions, Augsburg Fortress, Box 1209, Minneapolis, MN 55440.
 This volume developed in cooperation with the Division for Congregational Ministries of the Evangelical Lutheran Church in America, which provided a financial grant, and the Asociación para la Educación Teológica Hispana, Series Editor Justo L. Gonzalez.
 Except when otherwise indicated, scriptures quotation are taken from the Reina-Valera 1995 version. Copyright © Sociedades Bíblicas Unidas, 1995. Used by permission.

Cover design: Diana Running; Book design: Element, llc

ISBN-13: 978-0-8066-5335-8

The paper used in this publication meets the minimum requirements of American National Standard for Information Sciences—Permanence of Paper for Printed Library Materials, ANSI Z329.48-1984.

Manufactured in the U.S.A.

Esta serie

«¿Cómo podré entender, si alguien no me enseña?» (Hechos 8.31). Con estas palabras el etíope le expresa a Felipe una dificultad muy común entre los creyentes. Se nos dice que leamos la Biblia, que la estudiemos, que hagamos de su lectura un hábito diario. Pero se nos dice poco que pueda ayudarnos a leerla, a amarla, a comprenderla. El propósito de esta serie es responder a esa necesidad. No pretendemos decirles a nuestros lectores «lo que la Biblia dice», como si ya entonces no fuese necesario leer la Biblia misma para recibir su mensaje. Al contrario, lo que esperamos lograr es que la Biblia sea más leíble, más inteligible para el creyente típico, de modo que pueda leerla con mayor gusto, comprensión y fidelidad a su mensaje. Como el etíope, nuestro pueblo de habla hispana pide que se le enseñe, que se le explique, que se le invite a pensar y a creer. Y eso es precisamente lo que esta serie busca.

Por ello, nuestra primera advertencia, estimado lector o lectora, es que al leer esta serie tenga usted su Biblia a la mano, que la lea a la par de leer estos libros, para que su mensaje y su poder se le hagan manifiestos. No piense en modo alguno que estos libros substituyen o pretenden substituir al texto sagrado mismo. La meta no es que usted lea estos libros, sino que lea la Biblia con nueva y más profunda comprensión.

Por otra parte, la Biblia —como cualquier texto, situación o acontecimiento— se interpreta siempre dentro de un contexto. La Biblia responde a las preguntas que le hacemos y esas preguntas dependen en buena medida de quiénes somos, cuáles son nuestras inquietudes, nuestras dificultades, nuestros sueños. Por ello estos libros están escritos en nuestra lengua, por personas que se han formado en nuestra cultura y la conocen. Gracias a Dios, durante los últimos veinte años ha surgido dentro de nuestra comunidad latina todo un cuerpo de eruditos, estudiosos de la Biblia que no tiene nada que envidiarle a ninguna otra cultura o tradición. Tales son las personas a quienes hemos invitado a escribir para esta serie. Son personas con amplia experiencia pastoral y docente, que escriben para que se les entienda, y no para ofuscar. Son personas que a través de los años han ido descubriendo las dificultades con que algunos creyentes y estudiantes tropiezan al estudiar la Biblia —particularmente los creyentes y estudiantes latinos. Son personas que se han dedicado a buscar modos de superar esas dificultades y de facilitar el aprendizaje. Son personas que escriben, no para mostrar cuánto saben, sino para iluminar el texto sagrado y ayudarnos a todos a seguirlo.

Por tanto, este servidor, así como todos los colegas que colaboran en esta serie, le invitamos a que, junto a nosotros y desde la perspectiva latina que tenemos en común, se acerque usted a estos libros en oración, sabiendo que la oración de fe siempre recibirá respuesta.

Justo L. González
Editor General
Enero del 2007

Contenido

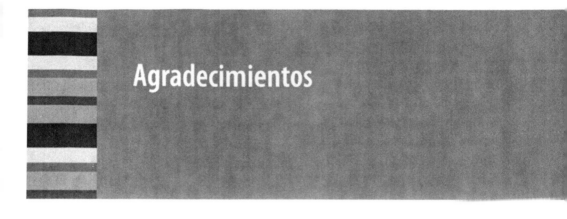

Agradecimientos

L os que nos movemos en la academia tenemos que rendir cuentas a las comunidades marginadas de donde venimos. Los que no conocemos lo que es un sabático y los que tenemos que repartirnos entre el trabajo administrativo, la pastoral y la docencia, nos debemos a nuestro pueblo. Por lo mismo, cuando Justo González me invitó a decir mi palabra a través de este comentario bíblico, lo único que tenía era gratitud por su generosidad y gusto de poder servir a mi gente. Los ratos perdidos y las horas robadas al sueño que Marcos me demandó fueron muy gratificantes; quiera Dios que también despierte tus sentidos, mi amable colega.

Debido a la naturaleza del comentario no he podido reconocer la influencia de las muchas voces que me han guiado al través de la obra. El sabor de boca que me queda es agridulce. Amargo porque la sociedad consumista en donde nos movemos nos hace sentir de esa manera al reducir el conocimiento a una mercancía envuelta de un lenguaje canibalesco: créditos, patentes, marca registrada, compra de ideas, inversión, control de calidad, valores, derechos de autoría, "me pagan por lo que sé"... Dulce porque promueve un conocimiento en faena, del dominio público, que liga el saber con el sabor, que no concibe los libros como herramientas sino como *paracletos,* es decir, "acompañantes del viaje".

El libro lo dedico a todas y todos mis estudiantes, con los cuales he trabajado a lo largo de un cuarto de siglo en la faena de la investigación bíblica y del transitar por el Reino de Dios y su justicia. Lo entrego con la oración de que "todo sea para edificación" (1 Co 14.26).

En este espacio quiero dar gracias a Dios por mi "pana" Evelyn Soto y su ministerio tan eficaz en la producción de materiales en español para la hispanidad. Por Gina, mi compañera, con cariño y gratitud por su comprensión y apoyo solidario, tanto intelectual como afectivo. Y gracias por mi madre Catalina Álvarez de Pérez, quien al meterle el diente a este libro reconocerá su mesa franca, con "su suficiente de pan", con tantas caras nuevas, con su palabra siempre bien sazonada con salecita (Col 4.6).

Eliseo Pérez-Álvarez
Austin, Texas, a 28 de mayo del 2006,
Día de la Ascensión de Nuestro Libertador Jesucristo.

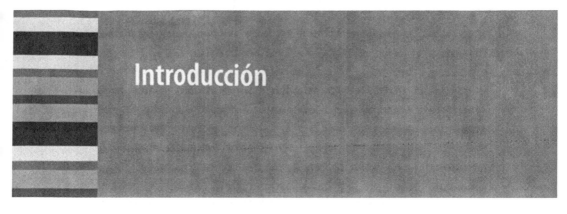

Introducción

El primero de los evangelios

Marcos, segundo en la lista del Nuevo Testamento, es sin embargo el evangelio más antiguo y una referencia obligada de Mateo, Lucas y Juan. En estas páginas he tratado de hablar con nuestro pueblo creyente. Obviamente, hay detalles más especializados y doy atisbos de los mismos; pero tales detalles deberán aparecer en una obra posterior más técnica. De todas maneras, confío y me gozo en la inteligencia y sabiduría de nuestro pueblo. Mi experiencia como predicador y maestro en nuestras iglesias me indica que nuestro pueblo está listo para dialogar sobre la fe más allá de una credulidad ingenua. Algunas secciones del libro parecen difíciles; pero vale la pena hacer el esfuerzo para poder aprovechar la Biblia como palabra de Dios y descubrir su gran riqueza humana y cultural.

Este evangelio es asimismo el más breve de todos, con un caudal de verbos activos como si quisiera redimir el tiempo tan escaso de Jesús o el suyo propio, escribiéndole a la tercera generación de creyentes. Marcos enfoca su mirada en la vida cotidiana del Nazareno, en sus obras liberadoras y en la muerte de cruz como consecuencia de su estilo de vida a favor de las personas intocables, destituidas y anónimas.

Los evangelios no son biografías de Jesús, ni relatos cronológicos de su ministerio, ni narraciones de su itinerario geográfico, ni mucho menos manuales de doctrina cristiana. Son testimonios de la acción liberadora de Jesús en su tiempo y lugares. Son invitaciones como la de Marcos a levantar las preguntas pertinentes para nuestra generación y nuestra tierra a fin de extender el proyecto del Nazareno: un mundo más habitable.

En este libro de la Biblia encontramos preguntas de todo tipo: honradas, capciosas, retóricas, abiertas, incómodas, vitales. Jesús sabe discriminar entre ellas: a veces contesta con una contrapregunta, en ocasiones se desentiende de la pregunta y en otros momentos la recoge y contesta con comedimiento. Jesús nunca descuidó su capacidad de cuestionar la realidad. No en balde murió preguntando: "Dios mío, Dios mío, ¿por qué me has desamparado?" (15.34). Según quienes conocen este evangelio más a fondo, las últimas narraciones del capítulo 16 no se encuentran en el texto original. De ser así, no es gratuita la manera abrupta en que Marcos abandona su narrativa (16.8), como queriéndonos decir: ahora es tu turno para seguir cuestionando la realidad y continuar la práctica de Jesús de implantar los valores del Reino de Dios en la Tierra.

Fecha

Las personas estudiosas de la Biblia concuerdan en que este evangelio fue escrito durante o inmediatamente después de la destrucción de Jerusalén, cuando regía Vespasiano sobre el Imperio Romano (en el año 70 d.C). Tengamos en mente que la resistencia judía ante el Imperio se prolongó del año 66 al 70 y más allá. De esta manera, la audiencia de Marcos es la segunda y la tercera generación de creyentes que, como suele suceder, han perdido la pasión original por el Reino de Dios y su justicia. No obstante, la situación de persecución que experimentan los creyentes es la ocasión para que Marcos les recuerde el Evangelio liberador de Jesús.

Lugar

El contexto en que escribieron los cuatro evangelistas es lo que determina sustancialmente sus diferencias. Al abordar historias paralelas lo hacen desde sus circunstancias y necesidades particulares. De ahí la importancia de conocer el ambiente original. ¿Desde dónde escribió Marcos? No lo sabemos con precisión. Quienes están más familiarizados con el tema sostienen que fue en Siria, aunque la ciudad de Roma no se descarta, sobre todo por lo registrado en el capítulo 13, el cual muy bien pudo reflejar la persecución de Nerón en el año 64 d.C. o quizá la guerra entre judíos y romanos del 66-70 d.C. Lo que aconteció en la capital del Imperio en la década de los 60 tuvo repercusiones para el movimiento de Jesús: A mediados de ese decenio crucifican a Pedro en Roma y lo hacen con la cabeza hacia el suelo para prolongar su tormento. En el 67 la espada militar decapita a Pablo; el año siguiente Nerón se suicida; en agosto del 70 tiene lugar la toma y destrucción de Jerusalén. No en balde este libro se conoce como "el evangelio de tiempos de guerra".

Su autor

Hace 2,000 años, en la cultura del Mediterráneo, no se estilaban los derechos de autoría como hoy en día. En esa región del mundo y en ese entonces identificaban un libro por las primeras palabras con las que abría su discurso, las cuales en nuestro caso serían: "Principio del Evangelio de Jesucristo, Hijo de Dios". (El único evangelio que citó el nombre completo del Nazareno es el de Juan (1.45): "Jesús, hijo de José de Nazaret").

Hay quienes sostienen que su autor es Juan Marcos, el compañero de Pedro en Roma (1 P 5.13; Hch 12.2), pero la barrera lingüística es clara. Su autor fue alguien cuya lengua materna era el griego y no el arameo de Juan Marcos. Por otro lado, hemos de confesar el gran conocimiento que el autor de este evangelio tiene de la región de Galilea. ¿Será entonces un judío de la dispersión o diáspora cuya segunda lengua sería el arameo?

Evangelio

El vocablo "evangelio" viene de la palabra griega *euangélion* que significa "buenas noticias". Lo usaba el Imperio Romano para anunciar la anexión de más territorio, sus victorias, algún acontecimiento importante entre la realeza u otras nuevas que beneficiaran a Roma. Marcos le da otro significado al término e inicia el género literario de los evangelios. Para él las buenas noticias no son acerca del Imperio ni de los ganadores; son para alegrar a las personas excluidas de la sociedad representadas en la tradición judeocristiana por la viuda, el huérfano y el extranjero.

Marcos recogió las historias de la tradición oral que pululaban por los aires de muchas comunidades. El resultado fue un evangelio pertinente para la situación de sufrimiento de las personas expulsadas de la historia oficial por parte de las autoridades tanto judías como romanas. Marcos da la espalda a la teología de la gloria y del poder. Él apunta su lente hacia el Jesús de Galilea, pobre, solidario, amenazado, cuya entrega hacia las personas excluidas lo llevó a arrostrar una muerte violenta, vergonzante y prematura. El sufrimiento y la cruz de Jesús son la consecuencia de su lucha por la justicia.

Marcos no posee una formación de historiador. Lo que elabora es más bien un relato teológico o una teología narrada de los hechos de Jesús y su consiguiente invitación al discipulado cristiano en tiempos difíciles. No se piense tampoco que estamos ante un tratado doctrinal. Estamos de cara al hecho de cómo las primeras comunidades cristianas interpretaron la vida y práctica profética de Jesús.

"Nada les hablaba sino con parábolas" (Mt 13.34)

El género de las parábolas no es original de Jesús. Los rabinos recurrían a ellas con profusión. Los griegos las inmortalizaron con las letras de Platón. Teólogos como Lutero, Rubem Alves y sobre todo Kierkegaard las han manejado con magistral exquisitez. Filósofos y literatos de la talla de Camus, Gide, Kafka, Borges o Nietzsche han recurrido a ellas.

Siguiendo a Kierkegaard, la parábola tiene la consigna de sorprender al interlocutor y llevarlo a confrontarse consigo mismo mediante historias o historietas breves. Le permite al lector tomar cierta distancia crítica de su propia persona de manera que, sin saberlo de entrada, esté auto-analizándose con mayor objetividad. Con la parábola acontece como con los muchos seudónimos de este pastor luterano danés: se trata de llegar por la espalda de sus lectoras y lectores y sorprenderlos con alguna verdad acerca de la cual han de hacer una decisión vital. Este rodeo busca que sea la persona misma quien arroje luz sobre su propia situación y haga algo al respecto.

Parábola o *mashal* (hebreo) se traduce como adivinanza. Sin embargo, para Jesús constituye su propio camino (en griego *hodos*), es decir, es su método mediante el cual hace análisis social en conjunto con la comunidad, a fin de que ésta caiga en la cuenta de cuál es su realidad y cómo hay que actuar para transformarla (Ro 12.2).

Pero no se piense que la comunicación indirecta de las parábolas es inocua. En el buen parabolista las indirectas son directas (2 S 12.1-4). El ingenio de la parábola consiste en hacer que algo sea obvio, pero con gracia. Kierkegaard, el maestro de la sospecha ideológica, utilizó un sinnúmero de géneros literarios como armas en su crítica social y económica. Ahora bien, debido a la distancia geográfica, temporal y cultural que nos separa de la sociedad de Jesús, esa comunicación indirecta parabólica ya no nos es tan obvia; por lo mismo hemos de echar mano de otros saberes. Además del de las ciencias bíblicas, hemos de dialogar con la antropología-ginecología teológica, las ciencias sociales, la arqueología, la historia, la economía, la filosofía... y, por supuesto, el saber de la agricultura y el de la culinaria tan centrales en el ministerio de Jesús y su mesa franca.

"Luminosa prisión del alfabeto"

Aunque Marcos recogió la historia oral y la vertió en la "luminosa prisión del alfabeto" (Ángel María Garibay), la lectura de su libro siguió yendo acompañada del lenguaje corporal, de la modulación de la voz y sobre todo, de la comunidad de fieles. Su evangelio debía ser leído completo, en voz alta y en medio de la congregación durante la vigilia pascual, como preámbulo para los bautismos. No se consideraba el bautismo como un rito mágico sino como el renacer a la justicia y a la misericordia. De ahí que en el tercer milenio sigamos citando a Marcos, quien cita a Jesús, quien cita a Oseas, quien cita al Dios de la vida.

Generalmente se traza el origen de la lectura en silencio hasta Ambrosio (c.339-397) o hasta las primeras comunidades monacales y sus exigencias de silencio. Sin embargo esta práctica no se generalizó hasta épocas recientes. Todavía en la mitad del siglo XIX el danés Kierkegaard, estudioso de la Biblia, recomendaba a su audiencia la lectura de sus sermones en voz alta, con su cadencia, sabor y signos sonoros inherentes.

La letra mata al espíritu (2 Co 3.6) pero a su vez mata la oralidad y su capacidad creadora de nuevos significados. Ya en el siglo XII *clérigo* se asociaba con literato o letrado; mientras que *laico* o *pueblo*, con analfabeto. El alfabeto se originó en Egipto y se fijó en Fenicia donde —

para el deleite de las personas zurdas— se escribía de derecha a izquierda y donde las letras B, E y K miraban hacia la izquierda. Grecia escribió en bustrofedón, es decir, alternando de derecha a izquierda y de izquierda a derecha a la usanza del buey (*bous*) arando. En el siglo V a.C. se legisló para que únicamente se escribiera de izquierda a derecha y para que todas las letras se perfilaran hacia el Este. Los espacios vacíos entre palabras vinieron posteriormente con el Imperio Bizantino y se limitó a hacerlo entre cada dos palabras seguidas. Las letras minúsculas no aparecieron hasta el siglo IX d.C. La introducción del alfabeto latino a las Américas por parte de los españoles y portugueses también significó un arma para la colonización del lenguaje a través del exterminio de otras formas de escritura, de la quema de acervos y del desprecio de la oralidad. En nuestros días hombres libres de toda sospecha como Lévi-Strauss no pueden por otro lado librarse de esa arrogancia de la letra: "De todos los criterios mediante los cuales la gente habitualmente distingue a la civilización de la barbarie, por lo menos éste hemos de conservar: el que cierta gente escribe y otra no".

Con Marcos diremos entonces que no hay correspondencia entre analfabetismo e ignorancia como tampoco existe entre letrado y sabio. Cristo, más que hacerse libro, se hizo camino; se hizo práctica liberadora. Jesús es como un cocinero ducho para batir las tradiciones oral y escrita, el espíritu y la letra, la contemplación y la acción, la reflexión y el seguimiento, la mesa cotidiana y la del "aposento alto".

Pueblo colonizado

Para entender más cabalmente el mensaje marcano, bien haríamos en tener presente las múltiples colonizaciones del pueblo judío por parte de Egipto, Asiria, Babilonia, Siria, Grecia y, en aquellos días, Roma. Ahora bien, en el interior de la sociedad judía regía una clase política-religiosa privilegiada y en complicidad con el Imperio Romano. Jesús echó su suerte con las personas de abajo: las mujeres, los niños, las masas empleadas, subempleadas y desempleadas, la población marginada por los estigmas sociales y religiosos. En pocas palabras, Jesús apostó por las personas que automáticamente interiorizaban la mentalidad colonizada, de minusvalía, de ser indignas del amor de Dios.

Marcos, como ya se ha dicho, recoge "la visión de los vencidos".

Bosquejo del libro

Con la división en capítulos hecha por Esteban Langdon (1226) y en versículos realizada por Roberto y Enrique Estienne (1551), ganamos en rapidez para localizar un texto dado. No obstante, perdimos en perspectiva al tijeretear los relatos y desgajarlos del todo armónico. Al sacar de contexto un texto no le hacemos justicia a la Biblia. La etimología de pecado (*hamartía*) proviene del tiro al blanco, es decir, no atinarle al blanco con la flecha. A pesar de estas divisiones artificiales y a veces forzadas de los libros de la Escritura y bajo el riesgo de no darle al blanco, seguiremos las secciones tradicionales sin perder de vista la visión de conjunto: las acciones liberadoras de Jesús de Nazaret.

Marcos divide su narrativa en dos grandes secciones. La primera incluye la historia del ministerio de Jesús llevado a cabo en el norte de Palestina, en Galilea, sus alrededores y cuatro cruces de la frontera. La segunda parte enfoca la práctica liberadora de Jesús camino a Jerusalén y en la capital misma, así como el precio que tuvo que pagar con su arresto, tortura y muerte de cruz. Concluye de golpe con la Resurrección de Jesús y su anuncio de retornar a Galilea.

Presentación de Jesús en sociedad 1.1-13
Ministerio de Jesús en Galilea 1.14-8.26
Preparativos para la marcha a Jerusalén 8.27-10.52
Entrada, ministerio profético, captura y muerte en Jerusalén 11-15
Resurrección y vuelta a Galilea 16.1-8
Las apariciones y la ascensión de Jesús 16.9-20

Tacos

El *Smorgasbord* (*smear* – embarrar, *board* – tabla) de Dinamarca se compone de una rebanada de pan, la cual sostiene los comestibles jerarquizados en varios pisos. El taco, en contraste, consiste en una tortilla enrollada con la comida mezclada en su interior. El Evangelio de Marcos sabe más a un taco, puesto que a lo largo del libro, la tortilla plana representa la historia principal con la que empieza y termina; el relleno, los paréntesis que cuentan otras historias; pero ambos constituyen el taco. La palabra latina *sapere* significa tanto saber como sabor. De igual manera el saber que Marcos transmite tiene que ver con ponerle sabor a la vida.

Aquí y ahora

En la mayoría de los apartados en que hemos dividido este evangelio, primeramente nos enfocaremos en el "allá y entonces", es decir, que intentaremos penetrar en el mundo y la cultura de Jesús y de Marcos. Coronaremos nuestra búsqueda preguntándonos qué quiere decir esa determinada porción bíblica para nuestro aquí y ahora.

Marcos es el evangelio de lo concreto. No le interesa dilucidar acerca de las mismísimas palabras de Jesús (*ipsssissima verba*) sino de las mismísimas acciones (*ipssissima acta*) del Galileo. Son sus hechos particulares los que le dan consistencia universal: "la esperanza del poeta: ser como el queso del valle, local, pero degustado dondequiera" (W.H.Auden). Mi amigo James L. Bailey recomienda que al predicar citando este evangelio nos mantengamos en su órbita: seamos concretos; acudamos a la pedagogía de la pregunta; nada de domesticar el mensaje radical del Reino; estudiemos en este espejo nuestro rostro tanto personal como social; que nuestra visión y nuestra acción sean consecuentes con las noticias liberadoras de Jesús.

No he seguido la lógica de los encabezados de cada sección, primeramente porque no son canónicos sino agregados por quienes tradujeron el evangelio. La razón de peso, sin embargo, es otra: dichos títulos no hacen justicia a lo que se cuece en nuestra realidad tercermundista. A fin de cuentas, el de Marcos, es el evangelio del pueblo.

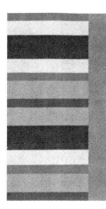

Presentación de Jesús en sociedad
1.1-13

Capítulo 1

El prólogo siempre es fundamental y el caso de Marcos no es la excepción. Conocedores de este evangelio como Raymond Pickett ven en esta sección inicial el segundo éxodo, igualmente ubicado en el desierto (Is 40.3; Ex 23.20; Mal 3.1). En el primero tenemos el maná salvador del hambre de Israel; en el segundo los panes y peces de hartura para todo ser humano.

1.1-8 Juan el precursor de Jesús

Un "evangelio" (*euangelion*) consistía en la proclamación de las buenas noticias para los de arriba. Marcos voltea la tortilla. El Evangelio consiste en que Dios está del lado de su pueblo en la persona de Jesús. El Galileo no tiene credenciales de abolengo.

Marcos confirma la autoridad de Jesús hilvanando a Malaquías 3.1 e Isaías 40.3 con el ministerio de Juan el Bautista, quien le abre paso a Jesús (1.3). En Malaquías el mensaje de Dios es de juicio para el templo, que en lugar de ser el centro de la redistribución de la riqueza se ha convertido en lugar que oprime al pobre. El cinturón de cuero (1.6) de Juan evoca la figura del profeta Elías (2 Re 1.8) quien igualmente confrontó el sistema político-religioso de sus días. La predicación de Juan es clara: "El que tiene dos túnicas, dé al que no tiene; y el que tiene qué comer, haga lo mismo... no hagáis extorsión a nadie" (Lc 3.11, 14). Según Malaquías 4.5ss el contenido de la predicación de Elías es el Día de Yahvé, día de juicio pero también de invitación a la conversión al Dios solidario.

Juan, apodado el Bautizador, es persona incómoda para las autoridades; pero no tanto por su peculiar manera de vestir. Lo es porque atenta contra la institución religiosa que ha privatizado lo sagrado al imponerle al pueblo sencillo cargas económicas imposibles de llevar. Otro evangelio va más allá al poner en labios de Juan las duras palabras contra los líderes religiosos: "generación de víboras" (Mt 3.7).

Juan el Bautista siempre ha sido muy popular entre la gente de abajo. El Precursor, el segundón, el que "no es digno ni siquiera de desatar, agachado, la correa de la sandalia de Jesús" (1.7). Él particularmente, es honrado el 24 de junio por gente sencilla practicante del cristianismo, la santería y el vudú. Lutero decía "Cada vez que me lavo la cara renuevo mi bautismo", pero en muchas playas del Gran Caribe durante el Día de San Juan, la gente revive su bautismo de cuerpo completo. Puerto Rico hasta lo reconoce como su patrono nacional.

La gente oprimida ve en Juan el Bautista a un personaje oscuro, bautizando fuera de las puertas de Jerusalén, pero a quien finalmente la historia y Jesús mismo reivindican: "...no se ha levantado otro mayor que Juan el Bautista, y sin embargo, el más pequeño en el Reino de los Cielos es mayor que él" (Mt 11.11).

1.9-11 Bautismo de Jesús

Cierto, su padre fue sacerdote; pero Juan era laico. De ahí la pregunta ansiosa: ¿con qué autoridad bautiza? Marcos nuevamente ensarta dos pasajes cargados de la legitimación divina, el del siervo mesiánico de Isaías 42.1 y el Salmo de la realeza o de coronación 2.7: "Tú eres mi Hijo amado, en Ti tengo complacencia". La apertura de los cielos (1.10) nos habla de la revelación divina. La Paloma (1.11) señala hacia ese aleteo o viento del Espíritu.

Jesús el artesano pobre, hijo natural (Jn 8.41), con acento pueblerino, adulto, sin esposa e hijos, en una sociedad campesina, exiliado en Egipto, sin hogar propio, descendiente de familias disfuncionales (Mt 1.1-17)... Él precisamente necesitaba escuchar: "Tú eres mi Hijo amado, en Ti tengo complacencia".

La familia divina acude al bautismo: la voz del Padre; la Paloma (columba), animal considerado santo en el cristianismo, representa la solidaridad maternal. En medio de una cultura dominante que promueve el individualismo y que expulsa a las personas pobres como redundantes, el Reino de Dios pondera como sus criaturas amadas a quienes sufren innecesariamente.

1.12-13 La tentación en el desierto

Con un lenguaje propio de la visión del mundo de ese tiempo —cielos, ángeles, Satanás...— Jesús pasa en el desierto el número de días preciso antes de iniciar su misión. El número 40 en la aritmología bíblica no es literal, sino que apunta hacia los 40 años de prueba del peregrinaje del pueblo de Dios por el desierto (Ex 34.28) e igualmente a los 40 días de Elías sobre el monte Horeb (1 R 19.8).

Jesús no se está aislando. Sabe que la vida no es para ser evadida. Él frecuenta la soledad o "la patria de las almas grandes". Hay personas que huyen física o mentalmente de los problemas; pero hay las que se apartan para meditar y luego regresan despiertas, preñadas de sueños para transformar la realidad. El desierto en Marcos es un lugar fértil donde Jesús afirma su rostro rumbo a la cruz del Gólgota. En el desierto el Diablo pone a prueba la identidad de Jesús: "si de veras eres Hijo de Dios..." (Mt 4.3, 6). Pero Jesús sale airoso de la lucha.

Los medios de comunicación de los EE.UU. están continuamente drenando nuestra identidad como gente de color. A pesar de ello, nuestra comunión con Dios y nuestra reflexión comunitaria nos alumbran el camino para la implantación del Reino de Dios hoy. Contemplar quiere decir "entrar al templo". La consigna es entonces recogerse en la presencia de Dios para afirmar el rostro y salir al barrio prestos a afirmar el rostro del prójimo.

Ministerio de Jesús en Galilea
1.14-8.26

Capítulo 2

1.14-15 Peripatético desaforado

Mi experiencia como pastor evangélico me ha mostrado que en la vida de nuestras iglesias la Biblia se considera palabra sagrada por el poder que tiene para darle sentido a la vida. Muchas historias señalan el poder de la Biblia para transformar la vida y ser el fundamento espiritual de grandes movimientos sociales. Como ejemplo contaré unas anécdotas que son típicas de este poder de la Biblia en nuestro pueblo.

El Jesús de Marcos es un caminante nato, siempre en movimiento, constantemente invitando al pueblo a seguirle. No es gratuito el nombre que recibieron las primeras comunidades cristianas: "Los del camino" (Hch 9.2). Jesús va de Nazaret al sur de Palestina, al río Jordán, al desierto y de nueva cuenta a Galilea, en un tiempo cuando viajar no era algo normal, amén de los riesgos que representaba.

Con el encarcelamiento de su primo y maestro Juan, Jesús empieza su predicación de la buena noticia: ¡el Reino de Dios a la vista! Pero lo hace con una estrategia. Por principio de cuentas se aleja del radio de acción de las autoridades asentadas en Jerusalén. Se va para Galilea, la región norteña de Palestina, de mala reputación por su contacto con otras culturas y por su mezcla con otras sangres.

Galilea, la tierra de gentiles (Is 9.1), posee un valor salvífico: Dios toma partido por la gente considerada impura, inferior, superflua. El andar de Dios salta fronteras, libra horizontes, celebra la diversidad, es hospitalario con las diferentes maneras de ser. Dios huye de las ciudades y los países amurallados llenos de penitenciarías (de penitencia) y encamina sus pasos hacia los lugares menos imaginados. Martín Lutero tenía razón al decir que jugamos a la gallinita ciega con Dios porque lo buscamos donde sabemos que no está, y donde está, nos seguimos de largo.

El Reino de Dios se ha acercado (1.15). Este es el hilo conductor de Marcos. El Reino de Dios ya está aquí aunque no plenamente. Su evangelio es la historia de la afirmación y la negación de esta nueva realidad que irrumpe con fuerza, la cual sólo las personas violentas arrebatan (Mt 11.12). Estamos conscientes de la carga patriarcal y bélica de este concepto, pero al continuar utilizándolo lo hacemos teniendo presente su naturaleza diferente a los reinos de este mundo. De esta manera, cuando hablamos del Reino de Dios, nos estamos refiriendo realmente al "anti-reino" (Mc 10.42).

1.16-20 Jesús llama a cuatro pescadores

A pesar de que Marcos es el primer evangelista que registra a mujeres discípulas (15.40-41), lo cierto es que siguiendo la costumbre de su época (y no así la práctica de Jesús), termina por invisibilizarlas a la hora del llamamiento al discipulado, pues ni siquiera aborda el tema. Habiendo dicho esto, hemos de darle por otro lado el beneficio de la duda en episodios como la curación de la suegra de Pedro (1.29-31) por citar un ejemplo.

Galilea es la patria del movimiento de Jesús, el escenario de su vida de servicio, el sitio de la presencia del Jesús resucitado y el lugar donde convoca a sus fieles al seguimiento. El mar (1.16) en el contexto de Marcos es sinónimo de lago. Ahí precisamente encuentra a sus primeros discípulos: Simón, Andrés, Jacobo y Juan. Estaban reparando las redes, pues la pesca generalmente se realizaba entrada la noche o de madrugada. La mención de los jornaleros (1.20) muy bien puede indicar que el negocio marchaba bien.

"Pescadores de hombres" (1.17) tiene tintes políticos. La frase está anclada en Jeremías 16.16, en Amós 4.2 y en Ezequiel 29.3ss, donde los profetas ponderan la justicia social y denuncian a los imperios y a personas ricas que por causa de su opresión serán ensartados como un pez para que dejen en paz al pueblo. El discipulado implica confrontar a los "peces gordos", a las estructuras antagónicas al Reino de Dios y su justicia como lo eran las de Herodes Antipas, Poncio Pilato y el mismo Sanedrín de Jerusalén.

Asimismo podemos traer a cuento otro significado de esta historia. Ello tiene relación con el mar. En la cultura mediterránea el mar es el lugar donde reina el Imperio Romano. El *mare nostrum* o mar nuestro es territorio minado. Algunas monedas mencionaban explícitamente al emperador como señor del mar. De esta manera la invitación de Jesús a dejar atrás las redes apuntaba hacia la entrada a un tipo de comunidad donde las clases trabajadoras y marginadas como la de estos pescadores tienen un lugar de honor, en contraste con los imperios de su día.

Además, Jesús toma la iniciativa al escoger a sus discípulos, a diferencia de la costumbre de esos tiempos en los que los estudiantes escogían a sus maestros. ¿De qué otro modo podía ser si las personas pobres no tienen mucha iniciativa que digamos, pues han interiorizado su minusvalía hasta la médula?

Denominaciones cristianas como algunas pentecostales son vivos ejemplos del seguimiento de Jesús. Si por un lado promueven el estudio formal riguroso de su magisterio, por el otro es la feligresía toda la que está en movimiento. La profesionalización de los ministerios eclesiásticos entre otras denominaciones ha sacado del camino a sus fieles al convertirlos en meros receptores de la gracia divina durante la hora quieta cada día domingo.

El llamado de Jesús es universal, para que a una voz continuemos construyendo una sociedad donde no haya peces gordos que se coman a los pequeños.

1.21-28 Un exorcismo en Capernaúm

Posiblemente fue en el mismo pueblo de sus cuatro primeros discípulos donde Jesús se estableció por un par de años, en la casa de Pedro; mejor dicho, quizá en la casa de la suegra de Pedro. Por este poblado corrían mercancías de los más variados lugares como Damasco, China, India... En Capernaúm, que significa "la finca de Nahum", Jesús impactó la feligresía de la sinagoga, no tanto por su conocimiento libresco sino por su sabiduría de la vida; no por el autoritarismo de los escribas sino por la autoridad (*exousia*) (1.27) de su Palabra viva; no por su legalismo farisaico sino por su revalorización de la Ley como fuente de justicia.

El demonio le habla con aspereza al "Nazareno" porque conoce su identidad (1.24) y en ese entonces el nombre decía la esencia de la persona (Ex 3.13-15). Conocer el nombre de alguien implicaba tener poder sobre esa persona. Jesús, cuyo nombre significa "Dios salva", termina imponiéndose sobre los poderes que atentan contra el bienestar de la persona. Jesús inicia su ministerio mostrando su interés por la salud total, en cuerpo y alma.

Marcos da fe de la pedagogía nueva de Jesús (1.27) en una sociedad encerrada en formalismos cultuales y en el control férreo del perdón desde Jerusalén. Lo que se impone en el relato es la acción compasiva y desinteresada por reintegrar a un excluido a la vida social plena. Esa será una constante en el evangelista: la escasez de discursos y la abundancia de hechos liberadores de Jesús.

La Ley, o la Torá en hebreo, declaraba la pena de muerte para quien profanara el sábado, lo cual incluía la práctica de la sanación de alguien. Jesús subordina la Ley a la vida, arriesga su reputación, su popularidad y sobre todo su vida por curar al poseso. Naturalmente la buena nueva para las personas condenadas de la tierra se extiende como fuego.

La Ley funciona de distinta manera según la persona. Sabemos que ante un delito, si la persona tiene poder va a la corte; si no, a la cárcel. Dime quién eres y te diré qué trato mereces. La Ley y la identidad son hermanas siamesas. En los Estados Unidos hay más afroamericanos en la cárcel que en las universidades. La Ley marca la edad de 21 años para poder consumir bebidas alcohólicas, pero es legal reclutar para el ejército adolescentes de sólo 18 años.

Pero lo novedoso de Jesús es que su reino no es como los de este mundo. Su entendimiento de la Ley no es como el de los escribas. Nazaret, el pequeño pueblo de unos 400 habitantes, no mina su identidad sino que la forja y la hace fuerte y segura de sí misma.

1.29-31 Jesús sana a la suegra de Pedro

Para el gusto de algunas biblistas, la suegra de Pedro marca la referencia a la primera mujer en el Evangelio y lo hace jugando un papel muy tradicional al asumir una actitud servil. Como dicen, ¡Jesús la sanó justo a tiempo para cenar! (Lc 17.34-35). Esto es dando por sentado que en Marcos "servir" (1.31) significa dar de comer. No obstante, siempre hay quienes asocian este "servir" con (10.45), donde Jesús mismo se presenta como el que sirve y no precisamente los alimentos. ¿Estamos entonces frente al llamado de la primera discípula? O la acción de servir ¿es simplemente la confirmación de su entero restablecimiento?

También es importante resaltar el hecho de que esta mujer muy probablemente era viuda y ahora en su calidad de suegra de Pedro, poseía un valor dependiente de su yerno. El evangelista no consigna su nombre, pues no se estilaba en ese entonces, cuando las mujeres y los niños no contaban.

Por otro lado, Jesús es consistente al subordinar la ley a la vida. Todavía es sábado y sigue vigente la prohibición de curar en ese día. Con ·el endemoniado, Jesús utilizó únicamente su voz; con la suegra de Pedro va más allá: la toca (1.31). No consistía en un problema de higiene sino que más bien tenía que ver con los códigos de pureza que prohibían tocar a alguien enfermo. Jesús sana a la mujer a un alto costo social para sí mismo. Eso lo forzará, en parte, a apartarse de los poblados.

Los hispanos tenemos muy desarrollada la sensibilidad respecto al racismo porque nos atañe directamente. Sin embargo, ¿qué podemos decir en cuanto a la justicia de las relaciones mujer-hombre? No podemos hablar de machismo porque éste es un término del español y sugiere la idea de que éste es un problema exclusivo de nuestra comunidad. Se trata mejor dicho del patriarcalismo, el cual está insertado en todas las culturas, como en la alemana, que afirma que la mujer sólo es buena para las tres *Ks: Kinder* (los niños), *Kuhe* (la cocina) y *Kirche* (la iglesia). En los EE.UU. anualmente mueren 1,500 mujeres en manos de sus maridos o de sus novios. De tres a cuatro millones de mujeres son golpeadas. ¿Cuánta sanidad necesita nuestra sociedad que continúa penalizando a las mujeres por el solo hecho de ser mujeres?

1.32-34 Curación masiva

El calendario lunar, la cadencia y la medición del tiempo judío diferían mucho del nuestro. Sus días terminaban y empezaban con la puesta del sol. La buena noticia de sanación-salvación-liberación corrió velozmente. Pero la gente esperó hasta "el día siguiente" al sábado, es decir, hasta el anochecer, para llevarle a sus enfermos y de esa manera no quebrantar la ley.

En este evangelio las acciones de Jesús a favor de "la multitud" están por dondequiera. No la multitud aduladora, sino las masas olvidadas, sufridas, no deseadas por lo más granado de Jerusalén. Esta multitud (1.33), por otro lado, no era tan grande como aparece dada la pequeña población de Capernaúm, de unos 1,700 a 2,500.

El concepto de enfermedad era de igual manera totalmente diferente al del siglo XXI. El desconocimiento de las causas llevaba a achacar los males al demonio. Peor aún, la teología de esos días relacionaba la enfermedad con el pecado de los progenitores. No distinguía entre el plano meramente médico y el religioso. De ahí que la profesión de médico fuera repudiada por el contacto físico que trababa con el cuerpo enfermo-pecaminoso. Es sintomático que el Antiguo Testamento no tenga compasión de la gente enferma como la tuvo el Nazareno (Jn 9.3).

Jesús insiste en prohibirles a los demonios revelar su identidad (1.34). ¿Es una señal del desprendimiento de su ego? ¿Es una estrategia ministerial (1.45)? ¿Es este secretismo una consecuencia de sus naturalezas humana y divina?

Muchas de nuestras comunidades marginadas sencillamente no tienen acceso al sistema de salud. Por eso recurren a la medicina alternativa de la herbolaria. Hace un par de generaciones todavía muchos pastores eran bi-vocacionales al practicar la medicina homeopática. Ciertamente esa medicina tiene sus límites. Pero también los tiene la medicina tradicional, pues cada una cura los males originados en el interior de sus correspondientes mundos. Ya se trate de acupuntura, de homeopatía o de alopatía, lo importante es la salud integral al tomar en serio los derechos del cuerpo. Hay quienes interpretan las curaciones de Jesús como actos de protesta contra el sistema de salud de su tiempo que se desentendía de las personas pobres. En todo caso y como creyentes que somos, ¿qué podemos hacer de cara a un gobierno que destina la mayor parte de su presupuesto para la guerra y una exigua cantidad para la salud?

1.35-39 La oración y la caminata

Jesús no era ningún huraño que se apartase egoístamente de la gente. La práctica de la oración (1.35) no lo distanciaba de su pueblo, más bien lo remitía con más lucidez hacia su gente. Todos se agolpan para ver a Jesús y Él se da a la contemplación. Jesús medita para liberar, estudia para servir, predica y actúa, ora y labora.

Todos te buscan (1.37). Sus reservas espirituales le permiten no dejarse usar por la gente, no dejarse acaparar por Pedro, quien le habla sin comedimiento. A Jesús no lo deslumbra la inmediatez del éxito.

Los demás poblados de Galilea (1.38) son asimismo dignos de su amor. El Reino de Dios no tiene fronteras; también es para quienes están más allá de nuestra aldea. El pozo da agua para nuestros molinos así como también para el de las demás personas. Es hora de poner manos a la obra.

Vivimos en una sociedad que le rinde culto a la celeridad; una sociedad para la cual el tiempo es oro y la contemplación o la gratuidad de la vida le son ajenas. Pongamos como ejemplo la televisión. Desde su invención está diseñada para vender todo el tiempo. Asimismo hace que las personas se dispersen con la infinidad de comerciales, interrupciones y la mezcla intencional de la tragedia con la comedia. La televisión incomunica, pues favorece el punto de vista de la cultura dominante y niega la voz disidente. La televisión ejerce el control sobre miles de millones, empezando con los niños de dos años. Control, imposición de productos, miedo al extranjero, una imagen distorsionada de la realidad, dispersión, invitación a la pasividad, bombardeo con más de 30,000 imágenes al año... ese es el principal legado de este aparato. En la misión de Jesús, al contrario, la invitación es a estar alerta a través de la reflexión y a actuar en consecuencia.

1.40-45 El leproso misionero

La ciencia de hace 21 siglos usaba el término "lepra" de una manera muy flexible. Básicamente se le aplicaba a cualquier enfermedad de la piel (Lev 13-14). Lo más vergonzoso consistía en la expulsión de la comunidad a quienes padecieran cualquier irritación cutánea. Según Levítico 13.45 esas personas debían dejarse crecer y soltar el cabello, desgarrar sus ropas y gritar "soy impuro, soy impuro" cuando alguien se aproximaba.

Jesús no le vive la vida a nadie. Espera hasta que el doliente tome la iniciativa de querer sanarse. El leproso lo hace con un lenguaje corporal inclinándose como lo hacían los siervos ante sus amos y un lenguaje indirecto, producto de sentirse y saberse-indigno, impuro, vil: "si quieres puedes sanarme" (1.40).

A Jesús se le remueven las entrañas, le dan retortijones, le hierve la sangre; eso es lo que "misericordia" significa literalmente. Una vez más toca a un intocable, un brioso, un indómito, alguien que ha perdido la capacidad de dar y recibir caricias. Lo cura y lo remite al sacerdote correspondiente para pagar los sacrificios indicados y ser reintegrado a la comunidad (1.44). Pero el texto indica sobre todo la confrontación como protesta contra los líderes religiosos que dan la espalda a las personas socialmente muertas (Num 12.12). Un clero que termina por no entender que la misericordia va por delante del sacrificio (Os 6.6). Jesús peca de ingenuo. Le pide algo imposible a la persona a quien curó. ¿Cómo no va a convertirse en predicador del Reino?

Ahora entendemos el porqué del secretismo de Jesús. Cuando tienes encima los reflectores, los periodistas, las cámaras, no puedes desarrollar la misión. Si a eso le aunamos el odio de las autoridades cívico-religiosas judías y romanas, entonces Jesús tiene que repensar su estrategia misionera. Olfatea el conflicto con las autoridades y no le queda otra opción que irse a la semi-clandestinidad (1.45), afuera de las ciudades amuralladas adonde se amotinan los indigentes leprosos.

Nuestra palabra "jerarquía" viene de dos voces griegas que significan el poder sagrado. ¿Quiénes ostentan el poder intocable hoy en día y qué piensan de la lepra social de nuestro momento? ¿Qué podemos hacer de cara a las personas indocumentadas, las enfermas de sida, las indigentes, las intocables?

2.1-12 La curación del paralítico

(Mt 9.1-8; Lc 5.17-26)

El Jesús de Marcos no es alguien bonachón, conciliador, que no se mete con nadie. No, no. Es un personaje controvertido, como todo este capítulo y el comienzo del siguiente (3.1-6). En general el estilo del evangelista a lo largo del libro es este: envolver varias historias en el mismo taco.

Jesús está de regreso en casa de Pedro. Es una habitación humilde cuyo techo es de vigas cubiertas de paja y lodo reseco. Sí, se puede perforar pero se requiere de la imaginación y de la solidaridad humana. En los Estados Unidos los techos y aún más las paredes de las casas también pueden perforarse con facilidad. Sin embargo, en este caso es debido al pecado de los arquitectos y de la industria de la construcción, ya que están más interesados en el lucro que en proveer construcciones seguras. La camilla era una especie de estera o petate mexicano (*sleeping bag*) de la gente pobre, el cual recogían cada día para no estorbar el paso en las casas de un solo cuarto. Ese lecho plegadizo también les servía de maleta a los viajeros para transportar sus objetos personales.

El Nazareno celebra la fe y obstinación de los cuatro amigos del lisiado (2.5). Jesús empieza por la sanación espiritual-económica al perdonarle los pecados-deudas en el nombre de Dios y remacha con la rehabilitación total del alma y cuerpo. La fórmula pecado-enfermedad no forma parte del vocabulario del Galileo. No llama al enfermo "impuro", sino "hijo". De entrada lo acoge como parte de su familia al trivializar los sacrificios del templo como única vía para el perdón de pecados.

Los doctores de la Ley empiezan a distorsionar la identidad de Jesús al cuestionarle que perdone pecados, a pesar de que Jesús se cuida de no hacerlo nunca en primera persona y jamás de manera directa (2.7). Pero ellos insisten en mentir: Jesús es un blasfemo (Lev 24.14-16) y por lo tanto, candidato a la muerte por lapidación. Los escribas privilegian la letra de la Ley; Jesús, en cambio, opta por el espíritu de la Ley o la necesidad del sufriente. Pero la letra mata y las autoridades religiosas intensifican su rechazo a ese intruso supuestamente por tomarse atribuciones que sólo le corresponden a la clase sacerdotal de la capital.

Según el lenguaje piadoso de los escribas sólo Dios puede perdonar pecados. En eso Jesús les da la razón. Pero en la práctica son ellos los que clasifican, explican y terminan por absolver el pecado una vez hecho el pago correspondiente. El pensamiento crítico de Jesús, que "conoce lo que piensan" (2.8), redefine el pecado, condona deudas en el nombre de Dios, cura de gratis y da a conocer al Dios de la vida. Blasfema, sí; pero contra el sistema religioso que ha pervertido el carácter mismo de la Ley.

El "ex-paralítico" ya no es un "ex-cluido" de la sociedad; ahora Jesús lo envía a su casa. Los líderes religiosos demonizan a Jesús, pero el pueblo alaba a Dios gracias a los hechos salvíficos del Galileo.

Algunos pueblos originarios de las Américas, como los aztecas, se saludaban: "No se caiga usted, porque el que se cae, se cae para siempre". Precisamente en Capernaúm, un pueblo ubicado en el cruce de caminos,

Jesús levanta y regresa al camino a las personas y clases sociales que yacen paralizadas y tullidas en sus lechos de dolor.

El caminar, por ser una de las acciones que realizamos con más naturalidad, es un buen punto de referencia para analizar nuestra identidad personal y colectiva. De hecho, la psicología estudia la manera en que desgastamos nuestro calzado para comprender rasgos de nuestra personalidad. Severino Kierkegaard, un pastor luterano del siglo XIX, quien socializaba con todo tipo de gente a través de sus correrías por las calles de Copenhague, solía recomendar a su cuñada enferma: "por sobre todas las cosas nunca pierdas el deseo de caminar". Jesse Owens, el afronorteamericano ganador de cuatro medallas de oro en los juegos olímpicos de Berlín de 1936, se levantó airoso delante de Hitler y así levantó la dignidad de su raza.

Jesús aplaude la fe de los cuatro (2.5). Los duchos de la Ley, los escribas, no están dispuestos a soportar que se altere el orden que ellos mismos han definido para provecho propio. Los cuatro escogen la desobediencia civil al reconocer la autoridad de Jesús por encima de la de Jerusalén. Ahora bien, ¿Qué significa ello en el aquí y ahora plagado del individualismo cruel? Por ejemplo, sabido es que entre las filas de los *Minutemen* (los vaqueros francotiradores que impiden el paso a la inmigración en la frontera sur) hay también hispanos. El mensaje es claro: "los que llegamos primero y tenemos acceso al pan, tenemos que eliminar a las personas que se cuelan por los túneles de la muralla". Martín Niemoller, el gran cristiano que confrontó a Hitler, nos llama a la solidaridad de los cuatro: "En Alemania primero arrestaron a los comunistas; yo no levanté la voz porque no era comunista. Después arrestaron a los judíos; yo no levanté la voz porque no era judío. Luego arrestaron a los sindicatos de trabajadores del comercio; yo no levanté la voz porque yo no estaba sindicalizado. Posteriormente arrestaron a los católico-romanos; yo no levanté la voz porque no era católico-romano. Tarde o temprano me arrestaron a mí y no había nadie alrededor para levantar la voz por mí".

2.13-17 Jesús transgrede las reglas de pureza de la mesa

(Mt 9.9-13; Lc 5.27-32)

Ahora encontramos a Jesús a la orilla del mar en donde se avecinan sucesos importantes. Aquí descansa su mirada sobre Leví o Mateo, un cobrador de impuestos para el Imperio Romano (2.14) estacionado probablemente en una aduana junto a la carretera. Marcos nos ubica alrededor de una mesa de una casa desconocida, con dos grupos de comensales bien distintos.

Por un lado tenemos a los publicanos (2.15), es decir, los *publicani*, que como Mateo, eran responsables de cobrar el *publicum* o el impuesto sobre las mercancías que cruzaban la frontera. Los publicanos arrendaban aduanas en poblados fronterizos como Capernaúm y debían entregar una cantidad fija. Ese dinero, contrariamente a lo que se predica, no drenaba hacia Roma, sino que se quedaba en Galilea para el presupuesto de la colonia. Además de ello, también cambiaban moneda romana y judía. En general los publicanos eran pobres; los pocos que llegaban a enriquecerse lo lograban por malos manejos. Además de ésto, eran mal vistos por su contacto directo con no judíos. Sin embargo conviene traer a cuento que los publicanos compartían con los fariseos el encargo imperial de recaudar la riqueza generada por la clase trabajadora.

En segundo término tenemos al grupo de los pecadores (2.15), o sea, de las personas endeudadas que no podían cumplir con todos los requerimientos de las leyes religiosas. Ellos veían con recelo tanto a las autoridades religiosas judías como a los publicanos colaboracionistas de Roma por hacer su yugo más pesado. En ambos casos la sola idea de compartir la mesa entre ellos era una pesadilla, si tomamos en cuenta el carácter tan íntimo de la misma.

Muchos escribas formaban parte importante del Sanedrín de Jerusalén, la institución gubernamental político-religiosa judía. Algunos escribas también eran fariseos (2.16), pero en cualquier caso podemos decir que los escribas llevaban la cuenta de las deudas y los fariseos se preocupaban más por la pureza ritual; de ahí su apodo de "separados". Otra característica farisaica era su odio por la presencia extranjera pagana romana y, por extensión, hacia los publicanos que de alguna manera trabajaban para el Imperio.

En la cultura de Jesús el lugar por excelencia para demostrar la pureza ritual era la mesa. En nuestros días los libros de etiqueta registran más de 50 reglas que observar al sentarse a la mesa. Con todo y eso nuestras mesas modernas siguen desapareciendo debido al ritmo (comidas de negocios) y artefactos (refrigerador, horno de microondas, comida empaquetada, televisión, computadora...) de la industrialización.

a Jesús tienen acceso a la buena mesa; quienes no lo siguen lo "per-siguen" por romper con el "orden" establecido. El liderazgo religioso legalista sigue a pie juntillas los días y estaciones de ayuno como la Cuaresma, pero "para el pobre siempre es vigilia". Hoy en día, cientos de millones de personas son obsesivas-compulsivas de dietas y ayunos para perder peso mientras que casi mil millones de seres humanos padecen ayunos obligados, o si se quiere, la muerte lenta y silenciosa.

2.23-28 "Tú eres de donde paces y no de donde naces"

(Mt 12.1-8; Lc 6.1-5)

Hay quienes ven en esta escena un acto profético premeditado de desobediencia civil. Los discípulos del Nazareno violan la ley que impide cosechar y procesar comida en el día de reposo, a fin de hacer visibles las masas hambrientas.

En un día sábado, los discípulos del Galileo cortan espigas (2.23) porque ya hay hambre. Una ley humanitaria dirigida hacia la trinidad más vulnerable —las viudas, los huérfanos y los extranjeros— allanaba el camino para poder saciar su necesidad más básica con trigo y uvas (Dt 23.25-26). Los fariseos, guardianes del orden público, lo detectan y proceden con la demanda. Su querella se basa en el hecho de que en el día de reposo no está permitido trabajo alguno (Ex 31.15). Creen haber atrapado a Jesús por haber desobedecido la ley (Ex 34. 21) y mancillado el día santo (2.24). ¡Su legalismo tan absurdo es comparable a aquel que le negó fumarse un cigarro a un condenado a muerte, por ser perjudicial para su salud!

"¿Por qué hacen en sábado lo que no es lícito?" (2.24). Jesús sopesa la pregunta y sabe que es tramposa. Una contra-pregunta, a la usanza de los rabíes, será la respuesta (2.25). Él conoce muy bien la historia, relaciona ese hecho con la ocasión en que David, el héroe nacional, comió del pan sagrado del templo infringiendo con ello la ley (1 S 21.1-6). Con esta cita de las Escrituras le da un giro a la controversia y asocia el episodio con el hambre del guerrillero David y su camarilla.

Lo que está en entredicho es nuevamente la transgresión del día de reposo de acuerdo con la interpretación de los fariseos. Éstos influían poderosamente en la política agraria al legislar acerca del qué sembrar, qué comer, a qué precio vender los productos, cuánto diezmar, qué campos dejar baldíos, etc. Las personas empobrecidas por ese control tan riguroso sentían el peso de la aplicación de la ley.

Jesús, en contraposición, hace una lectura muy diferente de la Torá. El descanso o el *Sabbath* está prescrito para observarse semanalmente y cada siete años, hasta desembocar con el Jubileo cada 49 años. El sentido de estas instituciones es la redistribución de la riqueza entre todo el pueblo, el ponerle coto al apetito humano por la acumulación de riqueza apropiándose del trabajo ajeno. El *Sabbath* entonces busca la justicia económica, la condonación de deudas, la devolución de las tierras expropiadas y de la libertad humana (Dt 15. 1-7). En pocas palabras, el *Sabbath* se instituyó para el bienestar de la creación toda y no al revés.

El Imperio Romano, más de 120 años antes de que Jesús naciera, creó la *Lex frumentarium* o la ley del grano, a fin de dar de comer a la población de Roma. Mensualmente repartían trigo, aceite y carne gratis o a precios subsidiados. Nerón era famoso por su programa de pan y circo. Pero sus motivaciones, a diferencia del *Sabbath* judío de la regulación del pan, eran las de aplacar las rebeliones sociales, las cuales generalmente empiezan por el estómago. Díganlo si no los más de 25 millones de estadounidenses alimentados gratuitamente por bancos de comida el año 2,005. Diez millones fueron afroamericanos y cinco millones hispanos.

Marcos escribe su evangelio desde Roma o desde otra ciudad del Imperio donde no es raro que la turba hambrienta asalte los almacenes de comida del gobierno. Este episodio de los discípulos de Jesús será la legitimación para no morir de hambre, pues como lo dice la sabiduría popular "En caso de necesidad, todos los bienes son comunes".

Durante los primeros siglos de la historia de la Iglesia los obispos cristianos bendijeron el hurto de comida siempre y cuando tuviera el propósito de saciar el hambre. Hoy en día algunas religiones como la santería igualmente legitiman este tipo de robo por parte de las personas hambrientas. La turba hambrienta de la *Baixada Fluminense* de Río de Janeiro se tiró al saqueo de alimentos el 5 de julio de 1962, mientras los grandes comerciantes especulaban con el precio del arroz y los frijoles. Las autoridades que no leen su Biblia respondieron asesinando a 42 personas e hiriendo a centenares.

Ahora bien, las preguntas pertinentes para nuestro aquí y ahora serían ¿cómo predicar el día de reposo a jornaleros indocumentados que a duras penas consiguen trabajar poquísimas horas a la semana? ¿Qué decirles a los millones de mujeres mal remuneradas que tienen que emplearse en más de un trabajo para poder mal comer, en una estructura patriarcal que vive a sus costillas? ¿Cuánta gente experimenta, contra su voluntad, el descanso, el ocio, el paro de labores, el desempleo?

"El sábado fue hecho por causa del ser humano, y no el ser humano por causa del sábado" (2.27) es la legitimación del derecho más básico de todos: el derecho a comer, el libre acceso al maná que se le enmohece a quien lo acapara y a quien se niega darle un respiro a la creación para que se restaure (Ex 16.32). Restaurar en español, *restaurant* en francés, *rest* en inglés, todo apunta al *Sabbath* sabroso para todo el género humano independientemente de su credo (Mt 5.45; 11.28).

El Antiguo Testamento vertido al griego se conoció como la Septuaginta, o versión de los LXX. Allí tradujeron como "Ley" (*nomos*) la palabra hebrea Torá, la cual tenía que ver con un concepto muy rico pues abarcaba el bienestar y el cuidado del ser humano. A esa tradición del Pentateuco es a la que apela Jesús y no a la de los escribas, para quienes si uno no conoce la Ley es un maldito (Jn 7.48-49).

"Tú eres de donde paces y no de donde naces" significa que el hambre desconoce leyes inmorales. Todas las masas desplazadas que se internan en los EE.UU. tienen derecho a recoger espigas; después de todo, tanto las corporaciones estadounidenses como los escribas y fariseos han contribuido al empobrecimiento de las multitudes.

El criterio de verdad de toda ley según Jesús es la promoción de la vida. Toda ley que atente contra la humanidad será inmoral; por lo tanto, la obediencia al Evangelio está por encima de las leyes civiles y religiosas; el estómago va primero. Jesús sale bien librado de ésta, pero sus enemigos intensifican la persecución.

3.1-6 La mano y los corazones secos

(Mt 12. 9-14; Lc 6. 6-11)

Otra vez Jesús ejerce su ministerio sanador en sábado. Su acción va respaldada por su reflexión liberadora y comunitaria de la Ley. Para darla a conocer le pide al hombre de la mano seca que se ponga en el centro y acto seguido abre la discusión a todo mundo (3.4).

El meollo del conflicto estriba en dos entendimientos diferentes de la Torá. Los fariseos centran el debate en lo que la Ley permite hacer y no hacer en el día de reposo. Para Jesús lo verdaderamente importante es que la Ley nos ayuda a distinguir entre "hacer el bien o el mal; salvar la vida o quitarla" (3.4). Sanar es hacer el bien, de donde eso no viola la Ley sino que la redime.

Mark Twain solía decir con su característico humor, "no dejes para mañana lo que puedes hacer pasado mañana". Posponer es una manera de evadir la responsabilidad y trivializar el problema. Trivializar significa tres vías, es decir que no importa seguir un camino para llegar a un punto dado. Se trata de no llegar a ningún lado en tanto que los tres senderos nos invitan a la pasividad. El hombre de la mano muerta es sólo un expediente más entre infinidad de aquellos que yacen en los archivos de Jerusalén. Pero para este hombre se trata de su persona, de un caso irrepetible y único. Jesús lo sabe de primera tinta pues Él mismo es uno de esos seres anónimos y sin credenciales. Por lo tanto, el Nazareno brega con la necesidad inmediata ya, hoy. Muchas veces les decimos a las personas en necesidad que esperen hasta que las estructuras civiles y religiosas cambien, o que esperen hasta que nombremos un comité para estudiar su caso; pero esa también es una manera de evitar hacer algo por el prójimo precisamente hoy.

En el tiempo de Jesús no es el cerebro sino el corazón el asiento de la razón. Jesús desplaza la discusión de la Ley al terreno de los valores del Reino de Dios: la ternura, la solidaridad, el servicio. Los fariseos no hallan qué decir pues tienen "endurecido su corazón", son de cabeza dura (3.5), "no saben lo que hacen" (Lc 23.34). Estamos aquí ante un problema del conocimiento. Los expertos de la Religión estudian para excluir, para imponer pesadas cargas a los pobres, para matar (3.6). La sabiduría del Galileo es para sanar a quienes no conocen lo que es un hospital porque no tienen medios económicos; es para ponerles un rostro humano a las leyes inhumanas; es para promover a cualquier costo la vida plena. La reflexión del Galileo no es meramente el producto de su curiosidad académica; la acción de sanar en sábado es considerada como desobediencia a la ley y penada con la muerte.

Jesús mira a sus enemigos con un enojo santo (3.5), pues le entristece su miopía. ¿No es acaso la ira de Dios lo mismo que el dolor de Dios? El Galileo asume aquí la "iracundia sagrada" del profetismo, pues se compadece de sus enemigos pero odia su pecado. Los fariseos lo acechan, lo acusan (3.2), enmudecen (3.4) y deciden matarlo (3.6). A pesar de ello, Jesús corta de raíz el entendimiento y la práctica de la ley ingrata, sin gracia.

Con tal de acabar con el problema, los públicamente deshonrados fariseos hacen concesiones. Rompen las leyes de pureza. Se mienten a sí mismos. Coluden con sus archienemigos los herodianos; éstos son los descendientes de los idumeos "impuros, paganos, sucios", pero representan el brazo político capaz de acallar a Jesús. Los días del Nazareno están contados. Tan temprano en Marcos tenemos ya la primera amenaza de muerte. La aparente piedad de los fariseos protesta contra la no observancia del sábado, pero no contra la decisión de cortarle la vida a un ser humano.

Ese es precisamente el aire que respira la comunidad de Marcos por los años 70 d.C. y esa es asimismo la suerte que corren las comunidades cristianas que son fieles al profetismo liberador de Jesús. Como ejemplos vivos de ello podemos citar a la Iglesia confesante alemana frente al régimen nazi, la Iglesia salvadoreña de cara al gobierno sumiso a los intereses económicos, el movimiento de santuario de los EE.UU. cara a cara con las leyes de odio contra el extranjero indocumentado.

Para la generación de Marcos el día domingo ya había desplazado al sábado. El día de la Resurrección se impuso y la comunidad de creyentes se reunía el primer día de la semana para la eucaristía-comida del ágape, conocida hoy como la Santa Cena. El día de descanso era una observancia parcial y voluntaria hasta que el emperador Constantino en el año 321 d.C. la hizo ley. Constantino era un devoto del culto al Sol, de ahí proviene el nombre en inglés *Sun-day,* día del Sol. Con doble medida las leyes religiosas aceptaron que Constantino fuese adorador del Sol; pero las mismas leyes condenaban a los pueblos indígenas que le rendían tributo al mismo astro.

Martín Lutero relacionó el guardar el día domingo con la libertad cristiana. Pero la verdad es que la controversia sigue en pie para nuestros días: ¿Qué significa hoy "hacer el bien o el mal; salvar la vida o quitarla?" ¿El Sol de la justicia (Mal 1.11) ha de actuar sólo en los días de guardar?

3.7-12 La multitud de pobres a la orilla del mar

(Mt 4. 24-25; 12.15-16; Lc 6.17-19)

Jesús se retiró (3.7) por razones de seguridad (Mt 12.15). No obstante, su buen nombre ya había rebasado las fronteras de su región de Galilea y del mismo pueblo judío pues la gente oía lo que el Nazareno hacía (3.7). Marcos narra la historia, pero también la geografía de la salvación, pues el Reino de Dios no conoce fronteras. El movimiento de Jesús está basado en la práctica de la justicia. Hay quienes están preocupados en identificar las mismísimas palabras de Jesús en los evangelios, pero pierden de vista que están ancladas a sus mismísimas acciones liberadoras. Los escribas y fariscos del tiempo de Jesús redujeron la Fe a fórmulas frías; muchos cristianos de todos los tiempos no han sido mejores. Las doctrinas huecas ahogan las buenas obras.

Un gran número de gente buscaba a Jesús por sus acciones sanadoras (3.10), pero sin asumir un compromiso con el Reino nuevo de sororidad y fraternidad sin distingos. Para el pueblo griego el prójimo tenía que ser un ciudadano griego y lo mismo pasaba con otras naciones. En el Reino de Dios no existe tal discriminación. Jesús recibe a personas de cualquier origen geográfico; pero no todas las personas siguen el camino del Reino. Lo buscan porque les devuelve la salud. Lo buscan porque les da de comer (Jn 6.26). No ha de extrañarnos tampoco que entre la hispanidad encontremos creyentes por conveniencia y no porque hayan abrazado el Reino de Dios y su justicia. Los grandes números no indican necesariamente la comprensión del proyecto divino.

Jesús siempre tenía un plan de contingencia por si acaso. La barca (3.9) al lado le permitía tomar distancia de la turba desesperada, pero sobre todo del ataque de sus enemigos. El mar, símbolo de poder amenazador (Ap 21.1) es lugar seguro para el Galileo.

Su origen humilde desacreditaba su proclamación. Pero aun los espíritus impuros validaban su ministerio y se postraban ante Él en señal de reconocimiento de rango superior (3.11). Jesús les ordena callar (3.12) por precaución ante sus perseguidores o tal vez por querer romper con el modelo de un reino jerárquico o populista.

3.13-19 El grupo de los doce

(Mt 10.1-4; Lc 6.12-16)

Jesús subió al monte para llevar a cabo la organización de su movimiento. Las montañas eran consideradas lugares santos para encontrarse con la Divinidad, para recibir la revelación de lo Alto. Así como Moisés bajó del Monte Horeb con las Tablas del Pacto, Jesús recrea la identidad y la alianza con el nuevo Israel. El cambio de nombre del arameo *Simón* al griego *Petros* (roca) (3.16) va en la misma dirección; es un cambio de profesión, o en ese contexto, la adquisición de una nueva esencia o el rompimiento con el reino antiguo.

El pueblo hispano, latino, latinoamericano, afroamerindio, chicano, caribeño, sabemos en carne propia lo que es empezar a usar un guión entre nuestros dos apellidos, deshacernos del apellido materno, oír todo tipo de pronunciación de nuestro nombre, asumir un nombre diferente. Ello habla bien de nuestra gente que no le teme a enriquecer su identidad, a trabar contacto con otras culturas, a presenciar la manifestación de Dios también en el valle, el barrio, la cárcel o como decía Teresa de Jesús, a caminar entre los pucheros de la cocina.

En el monte escogió a 12 discípulos, el número de la totalidad, evocando la alianza con Abraham: "en ti serán benditas todas las familias de la tierra" (Gn 28.14). En el Reino de Dios caben todas las culturas. Sí, como sabemos el 12 es un número simbólico, no sólo porque Jesús tuvo un grupo de seguidoras y seguidores mucho más amplio; sino porque este número apunta hacia las 12 tribus de Israel (Nm 1.4-16). Lo que es digno de señalar es que en el contexto de la predicación del Reino de Dios, principalmente nos indica el rechazo a la monarquía tardía (1 S 8.11) y el retorno a la temprana confederación de las 12 tribus; el repudio al reino opresor de Herodes Antipas y en su lugar, la implantación del Reino de Dios en donde ninguna de las tribus se impone sobre las otras.

La misión de los doce será continuar el ministerio de Jesús, es decir, predicar y poner por obra las buenas noticias para los pobres de Galilea y más allá. Esto a diferencia del reino de Herodes Antipas afincado en su riqueza de su capital Séforis, la Imperial, ciudad reconstruida a la imagen y semejanza de las ciudades romanas.

Séforis era la mayor ciudad de Galilea. Estaba ubicada como a cinco kilómetros de Nazaret. En el año 4 a.C. el romano Quintillo arrasó con ella; pero Antipas la levantó nuevamente y la amuralló. Con mucha probabilidad ésta era la ciudad donde Jesús pasó sus años mozos, acompañando a José en busca de trabajo como constructores. Allí quizá también el Galileo aprendió algo o mucho de griego para poder comunicarse. Años más tarde, Antipas también construyó la ciudad de Tiberiades para honrar al emperador Tiberio. Lo hizo sobre un camposanto, quebrantando la ley judía. En las paredes de su palacio mandó pintar figuras de animales, haciéndose más odioso todavía ante los judíos.

Marcos no desaprovecha la oportunidad para agregar una nota al pie respecto a Judas: "el que lo entregó" (3.19), quizá para indicar que la estrategia de Jesús de hablar en lenguaje parabólico y su ministerio subterráneo fueron muy efectivos. Aprehendieron a Jesús por la fisura misma del grupo, por la traición en el interior del grupo íntimo. El evangelista está contando la historia cuando todavía se oyen los lamentos de la matanza, cuando su comunidad misma tiene que recurrir a la clandestinidad. A eso se debe el adelanto que nos da sobre la suerte final de Jesús, así como también la minuciosidad tan enorme de su lenguaje descriptivo.

Probablemente tres de los discípulos del grupo de los doce pertenecían al movimiento de los zelotes o zelotas. Esta palabra significa "celoso" (Ex 20.3-6) y se aplicaba a un grupo judío que buscaba regresar a la teocracia o al gobierno regido por Dios mismo. Era una organización reaccionaria, hoy diríamos fundamentalista, en tanto que lo que perseguía era el "quítate tú para ponerme yo", o sea, derrocar a Roma para reinar ellos. Significaba la vuelta a la ley e instituciones judías sin alterar las relaciones y estructuras injustas de la cotidianidad.

En consecuencia se negaban a pagar tributo al emperador (12.17) y recurrían a la guerrilla para resistir al Imperio. "Cananeo" (3.18) e "Iscariote", (3.19) eran apodos asociados directamente con este movimiento. "Cananeo" no tenía ninguna relación ni con el pueblo de Caná, ni con la tierra de Canaán. "Iscariote" probablemente viene de *sicarii* o *sica,* es decir, puñal o daga. No ha de extrañarnos, pues, que en el huerto de Getsemaní un discípulo de Jesús le haya cortado una oreja al soldado romano (Mt 26.51). Los zelotas fueron quienes se levantaron en armas el año 66 d.C. y tomaron la ciudad de Jerusalén ante el hurto de una cantidad inmensa del oro del templo por parte del procurador. Le tomó cuatro años al ejército imperial romper la resistencia después de seis crueles meses de sitio en una guerra suicida.

Los discípulos zelotas y muchos de los seguidores de Jesús no comprendieron del todo la naturaleza del nuevo Israel. No se trataba de aferrarse al Templo de Jerusalén como la fuente de su identidad, o de acceder al poder político por cualquier vía, o de predicar la supremacía judía. No. Jesús practica y vive las buenas noticias de Dios para todo pueblo, para los seres humanos considerados no-personas, para trastocar de raíz los falsos valores de los reinos tanto romano como judío.

3.20-30 No hay tiempo ni para comer

(Mt 12.22-32; Lc 11.14-23)

Aquí estamos otra vez ante un taco en el que se envuelven la narración de la familia de Jesús que anda en su búsqueda y la parábola parentética del hombre fuerte encadenado, que intenta arrojar luz sobre el episodio de los parientes del Galileo.

De regreso a Capernaúm y a su vida consumida al servicio de las personas necesitadas, Jesús no tiene tiempo ni para comer (3.20). Entre los que esperan afuera, como queriendo tomar su distancia, están sus familiares para quienes Jesús ha perdido la razón (*a-logos*) (3.21). Lo quieren de regreso a casa porque lo que está en entredicho es la reputación de la familia. El ser e identidad de Jesús están anclados a su clan y viceversa. Renunciar a su primogenitura incluyendo quizá la patria potestad, no haberse casado ya, desentenderse de su oficio heredado, sonsacar a otros para dejar sus clanes, no era poca monta para su cultura y su pueblo de Nazaret, cuyos habitantes a duras penas sobrepasaban los 200.

La comisión investigadora de Jerusalén comete una doble afrenta. Primero demonizan un dios cananeo del pasado, o sea, Belzebú, y luego dicen que Jesús está poseso por él. Goethe, el dramaturgo alemán, hizo lo mismo en su obra del Doctor Fausto, al diabolizar a Huitzilopochtli, la divinidad principal del pueblo náhuatl de Mesoamérica.

Acosado por dos flancos, Jesús echa mano del poder de su palabra, de su sentido común, de la reducción al absurdo, de una adivinanza (3.26); "Satanás no puede hacer la revolución en contra de sí mismo" y de una parábola (3.27), "para saquear una casa, primero hay que sujetar al hombre fuerte que mora allí".

Estudiosos de este evangelio, como Ched Meyers, ven en esta parábola la misión de Jesús de atar las estructuras fuertes a fin de redistribuir entre el pueblo los bienes que han acaparado unos cuantos. Ligan la misma con el asalto al templo (11.15-17) donde se imponían pesadas cargas al pueblo. Por tanto, "amarrar al hombre fuerte" nos remite al advenimiento de Jesús "como un ladrón en la noche" (Mt. 24.43). Isaías 49.24ss de igual manera alza su voz: "¿Será quitado el botín al valiente? ¿Será rescatado el que es cautivo de un tirano?" Nuestro pueblo recoge la misma idea en el dicho "ladrón que roba a ladrón tiene cien años de perdón". Ambrosio en el siglo IV lo captó mejor: "...lo que necesita el pobre, que es lo que yo tengo que no necesito, como cristiano es mi obligación dárselo, porque de hecho le pertenece".

"De cierto os digo" (3.28) es una frase que Marcos utiliza frecuentemente relacionada con el juicio profético. Esta no es una lección sobre el Espíritu Santo sino que aquí significa las obras de Dios en oposición a las acciones perversas del espíritu impuro.

Jesús, quien promueve la vida a través del acompañamiento del Espíritu Santo en su bautismo, en el desierto y en todo momento, se llena de ira santa y les regresa a los escribas palabras de juicio. Recordemos que el criterio de verdad para probar las obras de Dios es dar la vida o quitarla. Jesús se priva hasta de los alimentos en su afán por empujar un nuevo orden social y el juicio que recibe a cambio es que está loco y poseso. Monseñor Oscar Arnulfo Romero también, en su servicio a las masas necesitadas de El Salvador, no tenía tiempo ni para comer. Las autoridades civiles y religiosas igualmente detectaron en este mártir contemporáneo un "desequilibrio psicológico". El cineasta español-mexicano Luis Buñuel en su película *Nazario* confesó su fe en Dios y en la ternura humana. El cura español Nazario encarna el Evangelio de Jesús hasta sus máximas consecuencias. El pueblo ama a su Pastor pero las clases ricas y los gobernantes lo tildan de loco pues no se acomoda a la realidad. De Severino Kierkegaard, el profeta del siglo XIX, se sigue predicando lo mismo: perdió su sano juicio, sobre todo durante su asalto a la cristiandad luterana danesa.

No es gratuito el hecho de que uno de los títulos del Espíritu Santo sea el de *Pater Pauperum* es decir, el Padre de los Pobres. Atentar contra las personas marginadas es señal de la imperdonabilidad contra el Espíritu Santo. Ireneo, un obispo de principio del siglo III, solía decir "la gloria de Dios consiste en que el ser humano viva". Pero Oscar Arnulfo Romero lo corrigió: "la gloria de Dios consiste en que el ser humano pobre viva". Ayer Jesús no tenía tiempo ni para comer; hoy casi la sexta parte de la población mundial tiene el tiempo pero no tiene qué comer. Sin comida no hay vida y este tipo de muerte por inanición es pecado imperdonable contra el Espíritu Santo. Ya lo dice el Credo Niceno, que el Espíritu de Dios es "Dador de vida".

Para algunas personas el pecado real contra el Espíritu Santo consiste "...en negarse a reconocer, con un gozo 'teológico' algunas liberaciones concretas que están teniendo lugar delante de nuestros propios ojos" (Juan Luis Segundo). Este fue el pecado de los escribas de Jerusalén (3.22) y de los religiosos de todos los tiempos como Tomás Malthus, quien en el año 1798 explicó las grandes hambrunas como la sabiduría de la naturaleza para mantener el equilibrio demográfico. El hombre fuerte (3.27) contemporáneo predica el síndrome del "no se puede hacer nada ante el hambre". Pero Jesús convoca a sus seguidores a atar a los poderosos que impiden la vida plena de los que Helder Câmara ha bautizado como severinos: "Severino del Nordeste, hijo de Severino, nieto de Severino, vive, como los demás Severinos, viviendo la muerte. Él no vive; vegeta. No es como un árbol que provee sombra cuyas raíces están llenas con la savia de la vida, sino como su hermano el cactus. Hasta el momento no se ha rebelado. De sus padres analfabetos y de la capilla perteneciente a su señor y amo ha aprendido a ser paciente como el Hijo de Dios, quien fue condenado injustamente y murió en la cruz para salvarnos. Él concluye, en sus propias palabras, que las cosas no pueden ser de otra manera. Como estudiante en la escuela del cristianismo y del fatalismo, él simplemente acepta el hecho de que algunos nacen ricos y otros pobres y que esa es la voluntad de Dios".

3.31-34 María y la familia más extendida

(Mt 12.46-50; Lc 8.19-21)

Aun el círculo más próximo, su familia en la carne, ha interiorizado la distorsión de la imagen pública de Jesús, fabricada por la propaganda oficial de Jerusalén. Lunático (3.21) y poseso (3.22) significaban lo mismo en ese tiempo.

Llegaron sus hermanos y su madre (3.31). Aquí Marcos deja fuera de la historia a las hermanas de Jesús, quienes eran al menos dos (6.3), quizá porque verdaderamente no estaban presentes, o ya se habían casado, o debido a la miseria corrieron la misma suerte de toda mujer de buscar trabajo, aunque fuese abusivo. De igual manera omite a José por razones desconocidas: porque tal vez ya había muerto, o porque María era más reconocida, como en el caso de la pareja de Priscila y Aquila (Hch 18), o debido al poquísimo o nulo interés que Marcos muestra por la historia familiar de Jesús, incluyendo su nacimiento e infancia.

En hebreo, griego y latín no existe el término *familia nuclear* dado que la idea de familia es el de la extendida, que incluye integrantes que no comparten los mismos lazos sanguíneos. Según la visión occidental y moderna lo "normal" es una familia de un padre, una madre, uno o dos hijos. Pero Jesús expande aún más los límites de la familia extendida asociándola con toda persona que obedece al Reino de Dios y su justicia.

El Reino de Dios traspasa los lazos biológicos, nacionales y obviamente el Templo de Jerusalén, que pretende tener el control de lo sagrado. Quien hace la voluntad de Dios, ese es mi hermano, mi hermana y mi madre (3.34). ¿Es ésta una referencia tímida de Marcos al hecho de que el movimiento de Jesús incluía discípulas como "mis hermanas"?

El Reino de Dios tiene que ver con un estilo de vida nuevo, con el hacer la voluntad divina (Gal 5.6), con el vivir para los demás. Sus familiares tan queridos tampoco lo entienden.

4.1-9 La parábola de la tierra arable

(Mt 13.1-23; Lc 8.4-15)

Para Marcos, mar y lago son sinónimos. "Comenzó a enseñar junto al mar... y se sentó" (4.1). Así empieza una serie de parábolas conocidas como el "Sermón del lago" el cual no tuvo lugar de una sola sentada sino que es de larga duración. Conforme a la usanza antigua, el Maestro predicó sentado. Su asiento de la barca contrasta hasta más no poder con la silla llamada cátedra de nuestras catedrales ostentosas. *Basílica* viene del griego realeza; la casa del rey también contradice la playa y el campo abierto, lugares favoritos desde donde predicó Jesús.

Las noticias de las acciones liberadoras de Jesús a favor de las masas excluidas llegaron pronto a Jerusalén. Jesús continúa su misión, pero siempre con una estrategia, es decir, a través de parábolas (4.2).

Más que al sembrador, la primera parábola se refiere a los distintos terrenos para la siembra. Recordemos que las condiciones del campo que Jesús bien pudo haber labrado eran duras. Los campesinos tenían que guardar al menos la quinta parte de la semilla cosechada para la próxima siembra debido a la baja calidad del suelo palestino. Ahora bien, durante la siembra se perdía el 75% de esa semilla y los granos que se lograban se multiplicaban del doble al quíntuplo. Lucas suaviza la precariedad del suelo pedregoso ¡echándole la culpa a la falta de humedad! (Lc 8.6). A los campesinos les "llovía sobre mojado" pues además de lo anterior debían diezmar, pagar impuestos, cubrir cuotas aduanales... y si algo sobraba, era para alimentar a toda la parentela.

Quienes escuchaban a Marcos eran gente de ciudad, pero el público de Jesús conocía en carne propia la espiral de la violencia agraria ya que el 90% del pueblo judío era población rural. Si la cosecha no se daba como se esperaba o si el campesino caía enfermo, la hipoteca del terreno para la próxima siembra era la salida. La pérdida de la tierra, el alquilarse como jornalero o venderse como esclavo y prepararse para una muerte prematura en unos seis años más, cerraban el cinturón de la miseria del campo. El jornalero estaba destinado a malvivir, sin nadie a su lado por no tener nada que compartir.

Otra manera de meterle el diente a esta parábola es si la entendemos desde las distintas clases de semilla. Nuestro dicho "hay de todo en la viña del Señor" da cuenta del hecho de que no todas las vides producían fruto y no todas las uvas servían para fabricar vino. Así las semillas tienen que ser cuidadosamente seleccionadas pues las hay de todo tipo. En nuestros días esta tarea está quedando cada vez más en manos de cinco grandes corporaciones que producen semillas estériles o suicidas, útiles para una sola siembra. Son las mismas empresas que controlan los fertilizantes, pesticidas y la maquinaria agrícola del mundo.

La tradición ha usado esta parábola para un modelo de evangelización donde las culturas no cristianas juegan un papel pasivo, como la tierra que sólo espera ser fecundada. De igual manera se ha usado para incentivar la práctica de la oración, el movimiento misionero, el discipulado cristiano y la educación cristiana, dado que sembrador era sinónimo de maestro y la siembra, de la enseñanza. Semilla (*semeia*) o semen también tienen que ver con lo seminal, con seminario, con los viveros donde brota la vida.

El hecho de que esta parábola tenga un lugar fijo en el calendario litúrgico se debe a que a lo largo de nuestra historia cristiana ha sido uno de los textos más predicados, siempre desde el interés pastoral. Todo ello está muy bien, pero ¿en dónde queda la denuncia profética de Jesús en torno a la situación agraria deprimente? ¿Qué decir de los Estados

Unidos, donde el campesinado representa a duras penas el 2% de la población, donde la política agrícola da a escoger; "o eres latifundista o largo de aquí?" Ni qué hablar de las naciones del sur que han sido forzadas a sembrar productos superfluos de exportación y a importar alimentos básicos.

La arrogancia de los centros de poder mira con desdén al campesinado analfabeto, como tierra quieta lista para fecundar. Lo cierto es lo contrario. La interpretación crítica que Julio, un campesino del pueblo nicaragüense de Solentiname hace de esta parábola es muy diferente. Según él, la semilla o la mismísima Palabra de Dios necesita del suelo para dar fruto. La doctrina sin la gente no va para ningún lado. El Reino de Dios sin el pueblo no existe. Las personas analfabetas no son ignorantes; su sabiduría puede voltearnos la tortilla fácilmente.

4.10-12 El porqué de las parábolas

(Mt 13.10-17; Lc 8.9-10)

Muchos creyentes hoy en día piensan que las parábolas son "historias terrenales con significados celestiales", o meras alegorías o historias para la piedad individual. Ni siquiera sospechan que son radiografías de la sociedad de Jesús junto a la buena nueva de liberación. En Marcos son narraciones en clave que los bien alimentados no digieren, pero que el campesinado asimila bien. Hay quienes hacen de las parábolas charlas de sobremesa para la buena digestión; pero en este evangelio tienen lugar precisamente en momentos de confrontación con las autoridades. El lenguaje en código le permite a Jesús ganar tiempo para organizar a quienes le darán seguimiento a su ministerio una vez que arrostre abiertamente a sus enemigos. Las parábolas son así un mecanismo provisional de defensa, una especie de adivinanza a través de la cual se vislumbra una sociedad más humana.

El "Sermón del lago" está preñado de parábolas relacionadas con el Reino de Dios. El género de las parábolas se presta muy bien para reconfortar al pueblo y escabullirse de las autoridades, al menos temporalmente: "el que tenga oídos para oír, oiga" (4.9), significa algo parecido a "las paredes oyen", o sea, luego hablamos cuando no haya espías.

Jesús no cierra el Cielo para las autoridades religiosas. Son ellas, por la dureza de su corazón, es decir, por la cerrazón de su entendimiento, las que se han excluido a sí mismas. "¿Cómo despertar a quien simula estar durmiendo?" dice un proverbio africano. ¿Cómo perdonar a quien no quiere ser perdonado? dice Jesús.

4.13-20 Explicación de la parábola de la tierra arable

(Mt 13.18-23; Lc 8.11-15)

Satanás, el corazón impenetrable de los herodianos, fariseos y escribas (4.15) son a todas luces la tierra apisonada.

El joven rico (10.25) que prefirió sus bienes al reino de la gratuidad guarda clara relación con los espinos (4.19). Los zarzales pueden entenderse de otra manera, dependiendo de dónde estemos parados en la sociedad. Moisés tuvo una manifestación divina en uno de ellos (Ex 3.2). León Trotsky cultivó magueyes en la Ciudad de México y los bautizó como plantas guerreras, que resistían como él los embates del enemigo. Helder Câmara interpretó los espinos como lugar de la generosidad infinita de Dios para con las personas necesitadas.

Las buenas noticias para las familias sin-tierra son malas noticias para los grandes terratenientes e "hidrotenientes" (con el monopolio del agua) de las tierras fértiles. De Herodes el Grande se afirma que poseía de la mitad a los dos tercios de la tierra del territorio judío. Los ricos de las sociedades agrícolas de la antigüedad generalmente representaban el 2% de la población pero eran dueños del 50% al 65% de la riqueza generada anualmente. Para recaudar toda ella tenían a sus empleados quienes representaban de un 5% al 7%. Esto incluía al clero, a los cobradores de impuestos, oficiales del ejército, mayordomos... todos ellos encargados de vigilar la producción agrícola y ganadera y la de los artesanos y comerciantes.

En el sótano de la sociedad estaban los redundantes quienes constituían a veces hasta un 15%. Eran los que encontraban trabajo en ciertas estaciones del año; los jornaleros que se plantaban en ciertos lugares en ciudades como Séforis, esperando poder trabajar un par de horas por cualquier precio; los pordioseros; los que se tiraban al pillaje. La vida de quienes caían hasta abajo oscilaba entre los cinco y siete años. El acto de descender socialmente iba acompañado del rechinar de dientes (Mt 25.30).

Jesús es la semilla en persona, porque la semilla es la Palabra encarnada, actuada, que precisa morir y ser enterrada para dar lugar a la nueva vida (Jn 12.24). La Palabra no es una doctrina que hay que aprender para ser salvos; es una vida consumida a favor de los pobres, la cual hemos de emular.

En el reino agrario de Dios las semillas no se quintuplican, sino que se multiplican por 30, por 60 y por 100 (4.8; Gn 26.12). Jesús rompe la cadena agraria opresora: siembra de la parcela familiar; endeudamiento con intereses altísimos; venta de la tierra (Is 5.8); venta de la esposa, las hijas y los hijos; venta de uno mismo como jornalero. La economía de Dios rompe con la cadena alimenticia perversa que corta al productor del distribuidor y del consumidor. En el Reino de Dios quienes labran el campo serán capaces de comer del fruto de su sudor (Sal 128.2). Dios "da semilla al que siembra y pan al que come" (Is 55.10). Así su Palabra no regresará vacía (Is 55.11). La sociedad rural que Jesús promueve contará con suficientes granos para saldar toda deuda pendiente, para saciar el hambre y la sed, para disfrutar el frescor de la tarde (Gn 26.12).

Creer la Palabra es entonces confiar en el mensaje que nos remite a los hechos liberadores de Jesús a favor de las personas des-terradas, sin tierra, desplazadas por las políticas agrarias de los reinos de este mundo. En el Reino de Dios que inaugura Jesús lo que prima es la redistribución de la tierra conforme al espíritu del año jubilar que brilla por su ausencia entre los escribas especialistas de la Ley y los fariseos guardianes de la misma (Lev 25.8-55). En la tierra nueva no hay espacio para latifundistas (Mt 5.5).

4.21-25 La clandestinidad no es para siempre

(Lc 8.16-18)

Estos cuatro dichos arrojan luz sobre el programa de Jesús.

La semilla de la agricultura comunitaria del Reino yace en el subsuelo; ha dejado la vida latente para dar paso a la germinación y pronto saldrá a flote. La comunicación indirecta y su carácter huidizo pronto darán paso al encuentro abierto con sus adversarios. La lámpara de aceite, encendida en todo tiempo por conveniencia al no conocer los cerillos, está debajo de la cama temporalmente, quizá mientras no haya nadie en casa, pero tarde o temprano se pondrá en un lugar alto para alumbrar el cuarto

(4.21). La lámpara simbolizaba la presencia de Dios, el estar velando, la continuidad de la familia; también era el título para los profetas y rabíes. Hay quienes ven en este último significado el consejo dado a Jesús no sólo para que abandone la clandestinidad, sino para que se ponga a salvo en un lugar más lejano.

Las canciones de libertad de los esclavos africanos en los Estados Unidos, malamente llamadas cantos espirituales, contenían un lenguaje cifrado. Se trataba de engañar a los amos para comunicar noticias, para transmitir esperanza, imágenes bellas y sentimientos de ternura a quienes eran tratados de "costal de huesos" o "herramientas animadas". Las canciones de libertad, a través de su "lenguaje de esclavos" cultivaban el arte de "maldecir mientras bendecían". Cuando cantaban acerca de ir al Cielo (*Swing Low Sweet Chariot*) hablaban de regresar a África o de huir hacia los estados norteños o al Canadá. El paso de Egipto a Canaán quería decir el tráfico de fugitivos de Maryland a Canadá. La dulce carreta apuntaba hacia el plan de escapar con ese medio de transporte. El río Jordán apuntaba hacia el río Ohio. Marcharse (*Steal Away*), era la convocatoria a una reunión clandestina en el bosque. Quienes sufrieron el holocausto afroamericano entendían muy bien el lenguaje de Jesús.

"Se le dará... se le quitará" (4.25). Dar y quitar denuncia el sistema de endeudamiento vigente. Ninguna hambruna ocurrió en tiempos de Jesús; las más cercanas tuvieron lugar en el año 25 a.C. y en el año 46 d.C. (Hch 11.28). En verdad el mal tiempo y la enfermedad representaban una seria amenaza para los campesinos pobres. No obstante, el sistema de impuestos, tributos y diezmos recabados en productos agrícolas representaban la mayor sangría; esa era la principal causa para que "se les quitara" sus tierras. Esa recaudación ascendía a veces hasta el 40% de las cosechas. Al no contar con suficiente liquidez el campesino iba a prisión y el acto siguiente consistía en pagar su "rescate" (*lutron*, en griego) (Cf. 10.45). Pero la práctica de Jesús anuncia la novedad de las relaciones económicas del Reino de Dios basadas en la política de tierra y pan para todo mundo.

4. 26-29 Parábola del crecimiento de la semilla

Por alguna razón tanto Mateo como Lucas dejaron fuera de sus evangelios esta parábola de entre todas las que recogieron de Marcos. Hay quienes han notado que ésta debiera llamarse la parábola del sembrador, pues el énfasis recae en su persona, representada por Jesús.

Para la audiencia de Jesús la germinación de la semilla era un misterio (4.27). Para el público lector citadino de Marcos la siembra tenía menos importancia. A la mayoría de la población de los EE.UU. le es indiferente la manera en que los laboratorios están alterando las semillas mientras leemos estas líneas.

Según Jesús, la semilla plantada dará su fruto tarde o temprano (4.28). De acuerdo con Marcos, el Reino de Dios se impondrá sobre las persecuciones de la comunidad cristiana en manos de Nerón, de Tito y de los mismos judíos. En los tres casos el mensaje es: el mañana será diferente; la vida dura no tiene que ser así en todo tiempo.

La razón por la que esta joya no es tan conocida quizá se deba al hecho de que ha prevalecido una interpretación de Jesús como el que siempre tiene el control de la situación, siempre tiene todas las respuestas, siempre saca a relucir su divinidad. Pero lo contrario es lo correcto. La semilla germina "sin que Él sepa cómo" (4.27). Jesús no conoce el resultado de su siembra, de ahí la belleza del himno del poeta mexicano "Sembraré, sembraré mientras viva, dejaré el resultado al Señor". Jesús no sabe; es vulnerable; es uno de los nuestros.

4. 30-32 Parábola del grano de mostaza

(Mt 13.31-32; Lc 13.18-19)

En el Reino de Dios los grandes y poderosos no tienen asiento. El grano de mostaza, despreciable por su tamaño, apunta hacia Dios tomando partido por los seres insignificantes, los que le "importan un bledo" a la clase dominante.

Pero tengamos cuidado en no olvidar la grandeza de la pequeñez, la riqueza de los pobres, las reservas espirituales de quienes son despreciados por ser "poca cosa". El grano de mostaza es excelente como aceite de cocina y de lámpara; como aceite para masajear las articulaciones y los músculos; como condimento; como medicina para reumatismos; como repelente de mosquitos; como pesticida para purificar el ambiente; y como símbolo de la primavera.

Pero hay algo más. El arbusto en tiempos de Jesús era visto como incontrolable, similar al bambú; como imán de aves que acaban con los sembradíos y las cosechas. ¿Estamos pues, frente a la propuesta de Jesús de una sociedad igualitaria? "...yo Jehová abatí al árbol elevado y levanté al árbol bajo" (Ez 17.24). Jesús evalúa su ministerio como algo sumamente pequeño y subterráneo, pero que tarde o temprano será visible y alimentará a su pueblo esparcido en todas las naciones (Ap 22.2).

4.33-34 Más sobre el por qué de las parábolas

(Mt 13.34-35)

Lo ingenioso del mensaje de Jesús es que parte de las experiencias cotidianas del pueblo; Jesús lo comunica con palabras llanas y sobre todo, lo respalda con su práctica comprometida por un mundo más habitable. Por otro lado, las clases privilegiadas amantes de las sutilezas doctrinales y de las leyes de pureza terminan engañándose a sí mismas de cara a lo que significa la vida plena, llena de frutos de justicia.

Jesús, a su vez, prosigue equipando a sus seguidores aparte, desde su movimiento oculto. Pronto las parábolas ya no serán necesarias; la clandestinidad dará paso a la revelación total de la solidaridad de Dios clavado en el madero.

4. 35-41 Jesús tiene poder sobre el mar y sobre el César

(Mt 8.23-27; Lc 8.22-25)

"Cuando llegó la noche" (4.35). Todavía hoy llamamos al sueño nocturnal "la pequeña muerte", pero en gran escala hemos hecho de la noche día y la hemos vaciado de su halo tenebroso. La visión del mundo de hace 2,000 años asociaba la noche con el inframundo, con el peligro, con la muerte. El relato es más intenso si a ello le aunamos la presencia del mar como la morada del monstruo Leviatán, donde reina el caos (Job 41.1) y principalmente como el lugar donde también domina Roma. Era común que los emperadores como Domiciano se hicieran llamar "Señor de mar y tierra".

La gran tempestad y el ventarrón (4.37) hacían alusión al descontento social. Marcos narra el acontecimiento de aplacar el mar precisamente en un tiempo cuando el emperador Tito destruía Jerusalén y perseguía a la Iglesia primitiva. El mensaje era claro para aquel entonces: Jesús duerme (4.38) no por indiferencia sino por estar confiado en que Dios les llevará a puerto seguro. El mismo Dios que partió en dos el mar Rojo y hundió los carros del faraón (Ex 14) es el que está por encima de las fuerzas infernales. El César no tiene la última palabra; Jesús tiene poder para reprender al mar, cual si fuera un demonio (4.39). No es por nada que Marcos es reiterativo con este tema (6.45-53).

Jesús reprende a sus discípulos por temerosos (4.40). No lo hace movido por los prejuicios de su sociedad patriarcal para la cual "los hombres no se asustan de nada". Lo hace porque sabe que el miedo paraliza y es el peor consejero. Les recuerda que lo opuesto de la Fe no es la incredulidad sino la falta de confianza. La Fe no tiene que ver primeramente con la aceptación de un credo o con el entendimiento de una verdad bíblica. No; la Fe es un estilo de vida basado en el servicio a las multitudes sin pastor, en el cruce solidario de fronteras (4.35), en la promoción de un Reino diferente al del Imperio. Marcos registra cuatro cruces de fronteras por parte de Jesús y sus seguidores (4.35, 6.45, 7.24 y 8.10); por lo pronto llegan a Gadara pero aprendieron la lección. Seguir a Jesús es experimentar los coletazos de Leviatán (Job 41.1), de quien tiene el poder económico. Pero Dios ha disipado a los fantasmas. Las buenas noticias consisten en que en el Reino de Dios el mar no existe más (Ap 21.1).

El miedo es también el mejor vendedor. En los países del Atlántico Norte quieren asegurarlo todo. El otro día pagué seis dólares por un disco compacto de Janis Joplin. El vendedor inmediatamente me atajó con un: "por dos dólares más le aseguro el producto, no se vaya a "guayar" o rayar". Al hacer esa selección por la cantante tejana, quizá olfateó en mí un miedo más profundo: el ya no ser aquel "joven y bello" de los años 70. En cualquier caso él sabía vender pero yo no supe comprar.

5.1-20 Demonios, cerdos y militares

(Mt 8.28-34; Lc 8.26-39)

Jesús pisa suelo extranjero aunque comparte con ese territorio experiencias comunes como la de estar bajo el yugo romano, la arquitectura romana, las bases militares y los asentamientos de veteranos de guerra. El lenguaje cifrado de Marcos viene dado en lenguaje de la milicia imperial. La extensión que Marcos le asigna a este relato es indicador de la gran importancia para su generación oprimida por Roma.

Un hombre con espíritu impuro vino a su encuentro desde los sepulcros (5.2) símbolos de la impureza y la muerte social (Is 65.1-7). Los cementerios yacían fuera de las ciudades pero cerca de las principales rutas, con fácil acceso para proveerles de comida a estos seres humanos.

El poseso se arrodilló ante Jesús (5.6), en actitud de reconocimiento de su rango inferior y también para pedirle un favor. "Sal de este hombre" (5.8). La cultura griega divorciaba el espíritu del cuerpo, favoreciendo al primero en detrimento del cuerpo. De acuerdo con el pensamiento judeocristiano lo que existe es una unidad donde ambas dimensiones, la corporal y la espiritual son indisolubles. Expulsar los espíritus inmundos del cuerpo del gadareno implicaba así su muerte. El escape provisional fue la piara de puercos pero al despeñarse éstos, los demonios también se extinguieron.

"Legión" (5.9) era una unidad militar del ejército imperial de 6,000 soldados principalmente de infantería, abastecido de 60 piezas de artillería tales como catapultas. La región oriental del Jordán había sido poblada por veteranos de guerra del ejército romano. Esta política de Roma buscaba fortalecer las fronteras más que el bienestar de sus soldados, quienes tenían que comprar sus parcelas.

Banda (5.11) de cerdos. Hay quienes ven en ello un término asociado con el reclutamiento militar. Los cerdos son animales impuros para los judíos (Lev 11.7-8; Dt 14.8) y por lo tanto intolerables dentro de sus fronteras geográficas. Sin embargo, el pueblo romano los utilizaba en rituales religiosos para la fertilidad agrícola y para alimentar a los difuntos en los entierros y también a los vivos. Se dice que el emperador Tito arrojó una cabeza de puerco en el altar de los sacrificios del templo cuando rompió el cerco de Jerusalén. También es sabido que el cerdo era el símbolo de la tienda de campaña *fretensis*, la legión romana ubicada en Siria que participó en la guerra contra Jerusalén. En todo caso, Jesús asocia el animal repugnante para su cultura con el Imperio repulsivo.

Entre la hispanidad el apellido marroquín todavía evoca el recuerdo del odio español contra los judíos al nombrarlos marranos (cerdos, chanchos, cochinos, puercos). Para mantenerlos alejados, los ibéricos colgaban jamones a la entrada de los poblados. Para verificar la autenticidad de las conversiones al cristianismo les daban a comer cerdo. En nuestros días el cerdo gana terreno ante el problema de la enfermedad de las vacas locas. Los comerciantes anuncian al cerdo como "la otra carne blanca", equiparable al pollo.

Precipitarse por un despeñadero (5.13) se relaciona igualmente con la pericia militar. El mar (5.13). Aquí existe una clara relación entre hundir a los soldados romanos en el mar Mediterráneo y el brazo divino que echa hasta el fondo del Mar Rojo al ejército del Faraón (Ex 14). El Mediterráneo o *Mare nostrum* (mar nuestro) romano sirvió de inspiración para que los Estados Unidos rebautizaran el mar Caribe como *Mare nostrum*. En 1959 Cuba y su revolución les aguaron la fiesta.

Los que cuidaban el hato de cerdos dieron aviso a la ciudad y a los campos (5.14). Esto significa que hemos de distinguir entre quienes los cuidan y quienes los poseen. Tuvieron miedo (5.15) indica lo contrario de tener fe. *Le rogaron que se fuera* (5.17). ¿Será que afincaban su seguridad en sus posesiones materiales? Su mentalidad de ricos les impidió contemplar el Reino de Dios donde la dignidad humana no tiene precio. La muerte de los 2,000 puercos no es nada comparada con la liberación del endemoniado. ¿Será que temían represalias de Roma por haber alterado el "orden establecido"?

La persona resarcida socialmente tiene una deuda de honor. Ruega permanecer con Jesús (5.18). Pero la sanidad completa incluye la no-dependencia. Por sí mismo tiene que arrostrar la vida con su nueva identidad de misionero de la buena noticia del reino. Ha de contar lo que Dios ha hecho (5.18) a favor suyo. Palabra y acción; semilla y fruto; adoración y misericordia (5.19).

Jesús lo regresa a su casa y a los suyos (19). El otrora expulsado de su pueblo y de su parentela ahora recupera su humanidad. Jesús lo reintegra a la sociedad a diferencia de muchos grupos de creyentes que violentan los lazos familiares y sociales so pretexto del celo religioso.

¿Era este ciudadano un veterano de guerra? ¿Había estado casado? No lo sabemos. Lo que sí está claro es que sólo los militares de alto rango podían casarse. Los soldados rasos tenían que permanecer célibes por la movilidad que se les exigía. Lo que acontecía era que estos soldados violaban a las lugareñas o acudían a los prostíbulos para mitigar su sed. No es por nada que Celso sostiene que Jesús fue hijo ilegítimo de un legionario romano de nombre Pantera y de la peluquera María o Miriam (Jn 8.41; Mt 1). En cualquier caso, esta narración muestra la estrecha relación que existe entre las colonias ocupadas por el ejército enemigo y todos los problemas físicos y mentales que acarrean. Opresión y posesión son hermanas gemelas. No es por nada que tres cuartas partes del planeta creen en la posesión demoníaca en un mundo lleno de injusticias de todo tipo. ¿Cómo no van a deambular legiones de personas disfuncionales en situaciones de hambre, desempleo, violencia física, verbal y espiritual, y sobre todo en sociedades altamente militarizadas?

Los soldados del Imperio, desde la época de la dominación Persa, obligaban a la primera persona fuerte que encontraran en la calle a cargar su equipaje 1.5 kilómetros (Mt 5.41). Marcos ilustra este hecho con la historia de Simón de Cirene (15.21) cuando lo forzaron a cargar la cruz de Jesús. Si se pasaba del kilómetro y medio la ley penalizaba al soldado de varias maneras, entre ellas la de proporcionarle cebada en lugar de trigo para su dieta. Eso explica por qué Jesús recomendaba a las multitudes ir más allá de la distancia marcada, a fin de afirmar la dignidad del pueblo colonizado y de resistir la bota romana.

El pueblo cristiano durante los tres primeros siglos tuvo bien clara su oposición al ejército y la guerra. Sin embargo, cuando el emperador Constantino toleró la religión cristiana en el 313, todo cambió. En el año 321 prohibió los sacrificios paganos llevados a cabo por los soldados, abriendo con ello el camino para el reclutamiento de los cristianos en las fuerzas armadas. Ya para el 380 cuando el emperador Teodosio el Grande declaró el cristianismo religión oficial del Imperio, la cuestión de fondo del "no matarás" pasó a un segundo plano. Agustín de Hipona en el siglo siguiente bautizaría la guerra justa. En el siglo XII las Cruzadas glorificaron la guerra. Y en el siglo XX de entre todas las muertes a causa de la guerra, 109 millones pertenecieron a la población civil. Se calcula que todas las guerras libradas por la humanidad han asesinado a más de tres mil quinientos millones de personas. Según Chalmers Johnson, sólo los EE.UU. poseen más de 800 bases militares por todo el orbe.

Gadara, una de las 10 ciudades confederadas de Decápolis, es así mismo escenario de la gloria de Dios. El extranjero liberado es testimonio vivo de la presencia de la gracia universal de Dios que no reconoce los muros divisorios entre naciones, levantados por los imperios en turno.

Gadara, aunque por un lado expulsa a Jesús y su gente (17), por otra parte representa un momento de solaz frente a la persecución desatada en su natal Palestina.

5.25-34 Jesús cura a la mujer con flujo de sangre

(Mt 9.18-26; Lc 8.40-56)

En la cultura de Jesús y de Marcos las mujeres no contaban. Tenían un valor derivado de los hombres. Ni siquiera se registran los nombres de estas dos mujeres.

Marcos narra estas dos sanaciones con su estilo de abrir paréntesis para introducir narraciones paralelas con tal de iluminar su enseñanza. Empecemos por la segunda mujer.

La mujer con flujo de sangre (5.25).

El sistema de pureza judío consideraba la sangre, sobre todo la menstrual, impura. Las mujeres con esa situación debían quedarse en casa y guardar cuarentena (Lv 15.19). La mujer de nuestra historia no se queda en casa y, más aún, se atreve a mezclarse con la gente y a tocar a un hombre en público (5.27) corriendo el riesgo de propagar su impureza (Lv 15.19-31).

Doce años (25) de sufrir la afrenta social de la presencia de sangre. Jesús revalorizará el líquido vital al escogerlo como vehículo de su Nuevo Pacto (14.24).

Había sufrido mucho (5.26). En una sociedad donde las mujeres eran ya casaderas desde los 12 años, su misma femineidad estaba en entredicho. En los Estados Unidos celebran los dulces 16 o *Sweet Sixteen*; algunos grupos hispanos festejan a las quinceañeras. En ambos casos se brinda por la fertilidad y la capacidad de las mujeres de generar vida. No obstante, la sangre menstrual todavía está relacionada con la culpa, la vergüenza, lo sucio —según lo comprobamos por los anuncios de las famosas toallas.

Había gastado todo con muchos médicos (5.26). Esto nos habla de su condición de clase privilegiada, pues eran los únicos que tenían acceso a los médicos, aunque principalmente trae a cuento la dimensión del sufrimiento tanto físico como el causado por el estigma social. Ella no puede seguir el papel que la sociedad le ha asignado, el de parir. Además de que es mujer, no tiene un hombre que la represente y, peor aún, posee un vientre estéril.

Se acercó por detrás y lo tocó (5.27). La madre era considerada impura durante el parto y una semana después si tenía un niño o dos semanas después si una niña, aunque tenía que seguir purificándose 33 días más en el caso del varón y 66 días si se tratase de niña (Lv 12). Durante la menstruación y toda una semana despés las mujeres contaminaban a las personas u objetos que tocasen. El contacto con una persona regaba la contaminación a toda la comunidad. Ella sabía que había quebrantado las leyes de pureza y que la pena capital le esperaba (Lv 15.31). Pero había oído de Jesús y decidió apostar el todo por el todo. El calendario cristiano celebra el 2 de febrero la fiesta de la Candelaria que tiene que ver con la purificación de María después del parto. Como producto del cristianismo español por mucho tiempo uno no podía besar a un bebé sino hasta después de su bautismo. Los españoles antes de violar a las mujeres africanas o indígenas las bautizaban para no contaminarse con las infieles. Las madres pobres que no podían guardar la cuarentena tenían que salir a realizar sus quehaceres sosteniendo una teja sobre sus cabezas para indicar su impureza y su distancia de la gente. Los ataúdes de color blanco estaban restringidos para quienes permanecieron célibes. Cuando una mujer moría, del campanario se emitían 18 campanazos; pero si se trataba de un hombre eran 24. Si la difunta era re-casada, no merecía ni oraciones ni campanadas. Las mujeres no podían comulgar durante el período de lactancia. La palabra "placenta" viene del latín y significa suciedad.

En la cultura de Jesús los curanderos como Él poseían un ser más grande, que se extendía hasta su sombra y sus vestidos (Hch 5.15; 19.12). Los huesos del profeta Eliseo aun en el cementerio seguían siendo canal de sanidad (2 Re 13.21). La mujer de nuestra historia sólo aspiraba a tocar el manto (5.28) por ser una prolongación de la identidad de Jesús. Lo tocó, se sanó y confesó públicamente su atrevimiento, contando toda la verdad (5.33). Aquí tenemos violación tras violación de la ley: una mujer en público, sin un intercesor hombre, con su sangría, tocando a un extraño y para colmo, dirigiéndole la palabra.

La personalidad para los pueblos nativos mesoamericanos es mayor todavía. No sólo las personas curanderas sino todo mundo posee un ser más grande que el que conocemos. La personalidad incluye la sombra proyectada; de ahí que no debemos pisar la sombra de nadie. "No dejó rastro ni de su sombra" o "No vi ni su sombra" son expresiones que nos hablan de ese ensanchamiento del ser en otras culturas.

La mujer confiesa su osadía "con temblor y temor" (5.33). Jesús no quería arrostrarla en público sino reintegrarla a la sociedad así, en presencia de la muchedumbre. Buscaba reforzar su identidad de hija de Dios (5.34) y parte de su familia. Su orfandad había quedado atrás. Reconocía y aceptaba su terquedad y le daba el crédito a ella, "Tu fe te ha salvado". Intentaba destacarla de entre la multitud, visibilizarla, sacarla del papel grisáceo de su existencia. Perseguía señalarla como modelo de mujer con iniciativa a pesar de que tenía cerrado el horizonte.

Su objetivo era hablar bien de ella, es decir, ben-decirla, "ve en paz" (5.34) (1 S 1.17), lo opuesto de mal-decir. El pueblo puertorriqueño tiene a flor de labios la palabra bendición. La comparten por teléfono, por correo electrónico, por carta y directamente en voz audible. Impartir la bendición, como en el caso de Jesús, pertenece al pueblo, no es exclusiva del clero. Entre la hispanidad no es extraño pedirle a los progenitores "Échame tu bendición". En el caso de la mujer con hemorragias la bendición apunta hacia la sanidad total, de cuerpo y alma, del trastorno físico y de la afrenta social.

5.21-24, 35-42 La hija de Jairo y la comunidad de mesa

(Mt 9.18-26; Lc 8.40-56)

Con esta resurrección Marcos cierra el ciclo de los grandes milagros que empezó en 4.35.

Jairo el alto dignatario postrado a los pies de Jesús (5.22). El lenguaje corporal traducía muy bien el rango social en la antigüedad. Bruce Malina nos recuerda que entre los griegos el beso en la boca entre dos hombres indicaba igualdad de clase, el beso en la mejilla señalaba una ligera diferencia. Pero postrarse en el suelo significaba una clara distancia entre el superior y el inferior. Jairo, el alto dignatario, públicamente valida a Jesús como su superior. Ello no corresponde con su origen humilde y su falta de credenciales, pero confirma la autoridad que Jesús estaba ganando entre su gente.

No temas, cree solamente (5.36) es la insistencia de Jesús de que tener fe y vivir sin sobresalto son sinónimos. Pedro, Jacobo y Juan lo acompañaron (5.37) —o sea su círculo de discípulos de confianza—. Marcos también señala la contraparte femenina de discípulas íntimas: María Magdalena, María su madre y Salomé. Lástima grande que las haya incorporado solamente hasta el cierre de su obra (15.40-41).

Encontró a quienes lloraban (38), parece referirse a las plañideras o lloronas profesionales que vendían sus servicios. Los ritos de transición más importantes en la mayoría de las culturas tienen que ver con el nacimiento y con la muerte. Probablemente ya estaban en medio del rito fúnebre. La niña está dormida (5.39) es un eufemismo, es decir, un suavizante, una manera de no nombrar las cosas de golpe. La gente se burló de Él (5.40), movida por su incredulidad.

¡*Talita cumi*! (5.41) es la frase en arameo más universalmente conocida gracias a Marcos que la preservó, tal vez por ser una especie de fórmula de sanación. Jesús la tomó de la mano (5.41). Una vez más rompe con las leyes de pureza (Nm 19.1-22) —y nada menos que frente al Jefe de la Sinagoga (5.22), el cual estaba a cargo de la dirección de la adoración y del mantenimiento de la misma—. El griego *sinagogué*, o sinagoga, se traduce exactamente igual a Iglesia, es decir, Asamblea.

La niña-adulta de 12 años se erguía nuevamente (5.42). No se piense que su muerte era un caso aislado. En el siglo I d.C, fallecían en la edad de la pubertad más del 50% de quienes la alcanzaban. La hija de Jairo se reintegra a la sociedad con su sexualidad y su edad casadera y se reincorpora a su comunidad de la manera indicada, o sea, comiendo (5.43). Comer no significa que la niña sufrió un ataque de hipoglucemia que la dejó en estado comatoso, ni mucho menos que tenía la finalidad de comprobar materialmente su vuelta a la vida. Comer es asistir al acto de la re-creación divina. Comer tiene una dimensión luminosa. Díganlo si no autores como Ched Myers quienes ven puntos de contacto entre la resurrección del hijo de la sunamita (2 Re 4. 8-37) inmediatamente seguida de la alimentación de los hambrientos (2 Re 4.38-44) y la resurrección de la hija de Jairo y sus indicaciones de darle de comer (43), con la alimentación de la multitud (6.35).

6.1-6 Nadie es profeta en su tierra

(Mt 13.53-58; Lc 4.16-30)

Jesús y su grupo se fueron de vuelta a Nazaret, el poblado norteño empotrado en las montañas que el Antiguo Testamento ni siquiera menciona. Era una población de la región de Galilea con sus múltiples identidades por su gran variedad de gente y culturas.

El sábado Jesús comenzó a enseñar en la sinagoga que frecuentaba su familia y sus vecinos se admiraban no sólo de su sabiduría sino también de sus obras portentosas (6.2). De pronto a los lugareños los mordió la duda, o más bien el sentimiento de inferioridad que machaconamente las clases de arriba les había asignado (6.3). Una cascada de interrogantes bañaba la audiencia.

¿No es éste el carpintero? (3). La película de Mel Gibson "La pasión del Cristo" ha hecho mucho mal al presentar a Jesús como un ebanista de clase y diseñador futurista de muebles de lujo. No. El griego *tektón*, puede traducirse como artesano en metal o piedra, o una persona que hace de todo, una especie de "mil usos". Con base en las ilustraciones que Jesús utiliza, podemos suponer que tenía que diversificar sus oficios para poder medio vivir. Séforis probablemente era la ciudad donde Jesús pasó su tiempo alquilando sus servicios. Jesús es a todas luces miembro de la clase trabajadora oprimida, pero no del grupo de los desposeídos.

La queja de que Jesús se rebaja de su puesto en la sociedad tiene que ver con el hecho de que se mezcla con "publicanos y pecadores" (2.14-17). Los "publicanos" podían tener riqueza, pero todos ellos carecían de abolengo, pues el linaje no se hace sino que con él se nace. Los "pecadores" incluye a prostitutas, esclavas fugitivas, mujeres de la clase trabajadora, entre otras personas de lo más bajo de la escalera social.

¿No es éste el hijo de María? (6.3). En ese entonces se identificaba a los varones con el nombre de la madre cuando ésta pertenecía a un rango social más alto que el del esposo. De María se predica su linaje de cuna sacerdotal (Lc 1-2). Una tradición también la liga a la ciudad de Séforis y no a la ranchería de Nazaret. El color azul señala hacia el cielo y por lo tanto a la divinidad, ahora bien, ¿será que Jesús tenía sangre azul por alguno de sus cuatro costados?

¿Porqué de María sin más? ¿Es acaso Jesús un bastardo? (Jn 8.41, Mt 1), ¿Será que José andaba de itinerante como era común para los artesanos, vendiendo su trabajo a domicilio especialmente en Séforis? ¿Había muerto? ¿Se había separado o divorciado de María para ese entonces? ¿Se menciona a María porque era la que estaba presente en ese momento en la sinagoga? No lo sabemos. Lo que sí conocemos por el contexto es que miran a Jesús con menosprecio porque conocen su origen social si no ínfimo, por lo menos bajo o mezclado.

¿Podría hablarse en nuestros días de celos profesionales? En las Islas Vírgenes de los Estados Unidos tienen una imagen para ilustrar la envidia que han aprendido a abrigar en sus pechos ante sus compatriotas que sobresalen en cualquier terreno. Es como una bandeja llena de cangrejos o jueyes, donde cuando uno de ellos trata de escalar hacia la cima, inmediatamente el resto se avalancha sobre él para bajarlo.

¿No es este el hermano de Jacobo, de José, de Judas y de Simón? (6.3). La hermana Iglesia Católica Romana se ha empeñado a través de los siglos en hacernos creer que "hermano" significa realmente primo o pariente cercano. Que no sólo Jesús, sino María misma fueron concebidos sin pecado. La hermana Iglesia Ortodoxa sostiene que se refiere a medio-hermanos y medio-hermanas, fruto del primer matrimonio de José. La Iglesia Protestante ha insistido a lo largo de siglos que Jesús es el primogénito de José y María, aunque más de un reformador también afirmó la perpetua virginidad de María. El problema de las tres grandes ramas del cristianismo es que todas asocian el pecado con la unión conyugal.

¿No están aquí también sus hermanas? (6.3). Hermanas y hermanos en griego es *adelphi*, que traducido es "de la misma matriz". El evangelista no pudo expulsarlas de la historia pero las menciona en bloque, sin particularizarlas con un nombre porque eran innombrables o porque ya estaban casadas, que es lo mismo. El Imperio Romano les asignaba un número para hacerlas numerables. Ahora sabemos que por lo menos tuvo dos hermanas. Se descartaba a las mujeres inclusive en asuntos como la procreación. La cultura de ese entonces consideraba que la mujer jugaba un papel pasivo, de tierra quieta donde el hombre activaba su semilla dando origen a la recreación de la vida. En casos de parejas infértiles o de la incapacidad de tener hijos varones, siempre se culpaba a la mujer. No fue sino hasta 1827 que se descubrió el huevo femenino y no fue sino hasta épocas recientes que se descubrió que es el hombre el que define el sexo del bebé.

Y se escandalizaban de Él (6.3) sencillamente porque carecía de las credenciales para ser un dirigente religioso hecho y derecho. Severino Kierkegaard, un pastor de Dinamarca del siglo XIX, explica lo mismo con humor ácido: "¿Qué ha hecho Jesús por su futuro? Nada. ¿Tiene acaso un trabajo permanente? No. ¿Cuáles son sus proyectos? Ninguno. Por mencionar algo elemental: ¿Cómo le va a hacer cuando envejezca, qué hará durante las largas noches invernales, si ni siquiera sabe jugar cartas? ¿Adherirme a su grupo? No, gracias, gracias a Dios no me he vuelto loco todavía".

Una gran desventaja que tenía que enfrentar Jesús era la de haberse criado en Nazaret. Los de su pueblo no podían orar en la sinagoga debido a su mala pronunciación. Eran considerados semi-paganos por su contacto con otros pueblos. A Galilea se le aplicaba el proverbio antiguo "las mujeres de Israel son hermosas pero la pobreza las hace repulsivas".

"Nadie es profeta en su tierra, entre sus parientes y en su casa" (6.4) contestó Jesús, pues el mayor obstáculo que experimentó fue que su propia gente no creía en sí misma. La mujer de Cantares se tiene que disculpar por su negritud: "Morena soy... pero hermosa" (Cnt 1.5). Natanael, nazareno él mismo (Jn 21.2) pasó a la historia por el gol que se anotó contra sí mismo: "¿Acaso hay algo bueno que provenga de Nazaret?" (Jn 1.46). Nazaret, un pueblo quebrado por las clases sacerdotales y por el Imperio, yacía ahí, lamiéndose sus heridas, su baja autoestima, su pesimismo, su sentimiento de impotencia, su minusvalía, su orfandad de sueños, su sentido de incapacidad y su incredulidad. No ha de extrañarnos, pues, ver su nombre en la lista de las poblaciones que no se arrepintieron (Mt 11.20-24).

Tristemente, esa falta de fe en nuestra propia gente está muy regada. Quienes enseñamos en seminarios olvidamos que el estudiantado nos enseña y nos permite continuar investigando y creciendo; el estudiantado olvida que los demás estudiantes son un vivero de conocimientos para la jornada; profesores y estudiantes olvidamos que hay otros tipos de conocimiento que rebasan los libros, el salón de clases y a nosotros mismos. Casi todo mundo escucha con avidez las sandeces de las personas acaudaladas y exitosas, pero pone oídos sordos ante la lucidez de las personas pobres. Ellas son las que desarrollan un pensamiento filoso ante la necesidad de supervivencia; pero no siempre las escuchamos. Carlos Lenkersdorf y su esposa Gudrun estudiaron en las mejores universidades europeas para luego internarse en el mundo maya tojolabal y confesar que ese pueblo indígena ha sido su mejor mentor tanto intelectual como espiritual. Sin embargo, para la constitución mexicana las etnias indígenas no existen, jurídicamente hablando.

No sorprende entonces el hecho de que Jesús no pudiera realizar su ministerio en su pueblo (6.5) —cosa que Jesús no esperaba, pues quedó muy asombrado de la incredulidad de su gente (6.6)—. Ahí no se dio el milagro, dado que la incredulidad, la falta de fe lo impide. Pero no es la fe intimista, individualista o racionalizada que conocemos; es la fe comunitaria, pasional, comprometida del discipulado. Caso contrario es el ejemplo contemporáneo de uno de los países más pobres del orbe, Haití: "Somos pobres, es verdad, pero tenemos orgullo. Somos pobres, cierto, pero somos gente con agallas. Somos pobres, concedido, pero a pesar de ello somos gente. Sabemos que Dios nos creó a su imagen. Y nosotros los pobres, que somos abusados, que nos miran con desconfianza, estamos orgullosos de portar la imagen de Dios. Ese orgullo nos hará luchar como el ejército de Dios hasta que la luz de la liberación aparezca".

6.7-13 La misión del creyente

(Mt 10.5-15; Lc 9.1-6)

En lugar de lamerse sus heridas de su derrota en su pueblo natal, Jesús se yergue con más brío reorganizando su pastoral.

Recorría las aldeas (6.6) de alrededor. Jesús continúa su misión en Galilea y más allá de sus fronteras. Jesús apuesta por los villorios, por su gente que después de realizar el trabajo sucio tiene que abandonar las ciudades al cierre de sus puertas al ponerse el sol.

Llamó a los 12 (véase 3.13) y los envió (6.7). Ni fue sólo un envío (Lc 10.1-24; Mt 28.19), ni fue exclusivo de los 12. El mismo Pablo se incluye a sí mismo, con la diferencia de que él muchas veces se autofinanció, dejando ver su posición aristocrática: "me he hecho débil a los débiles" (1 Co 9.22), es decir, he tenido que desempeñar trabajos manuales, lo cual no parece haber sido muy de su agrado.

Los envió de dos en dos (6.7). No apunta tan sólo a lo peligroso que resultaba el viajar, sino al hecho de que en el Reino de Dios se vive en comunidad, se trabaja en equipo. Hay una diferencia entre vivir en comunión y estar juntos, como lo advierte aquel dicho: "la soledad del ermitaño espanta; pero es más espantosa la soledad de dos en compañía". Jesús nada contracorriente en la sociedad grecorromana donde se premia la propiedad privada y el individualismo del "cada quien que se rasque con sus propias uñas" o en la sociedad contemporánea del "llanero solitario".

Les dio autoridad sobre los espíritus impuros (6.7). En otras palabras, Jesús quiere que quienes le seguimos seamos los continuadores de su obra liberadora de toda fuerza deshumanizante. Si el Credo Niceno declara que el Espíritu Santo es Dador de vida, todo lo que atente contra ella es un espíritu impuro.

Les mandó que practicaran el sacramento de la hospitalidad, de la mesa abierta (6.8-11). En los reinos de Herodes Antipas y del César lo que reina es la hostilidad. Jesús en cambio apuesta por la hospitalidad como aliada para el extendimiento de su obra.

Les mandó no llevar nada para el camino (6.8). En Marcos los discípulos pueden incluir en su equipaje un bastón y sandalias a diferencia de otros evangelistas (Mt 10. 9; Lc 9.3). El bastón también hace las veces de arma contra alguna fiera y las sandalias son el calzado de los pobres. A Jesús a veces lo pintan como un filósofo cínico con su hombro derecho al descubierto. Este grupo sin embargo llevaba consigo pan, lo cual choca con el mandato del Nazareno. A diferencia también de los pordioseros que cargaban una bolsa, Jesús la prohíbe. El tipo de evangelización al que nos invita nos hace personas vulnerables, contrario al despliegue de poder y a la ostentación de muchos "evangelistos" como los llamaba Cecilio Arrastía. Pero el asunto de fondo consiste en que, no por carecer de recursos económicos, se les niegue el acceso del Evangelio liberador a las comunidades marginadas. Jesús el gran organizador pone su sabiduría y corazón al servicio de los pobres, en ruptura directa con el Templo de Jerusalén y la alta jerarquía clerical bien remunerada.

Sacúdanse el polvo (6.11). Esto era una ofensa grande para demostrar rechazo. También había la variante de sacudirse la ropa (Hch 18.6).

Sodoma y Gomorra (6.11). Contrariamente a lo que a partir del siglo XI se cree, Sodoma y Gomorra no son el símbolo de los pecados sexuales sino de los pecados económicos que atentan contra la mesa franca para toda persona en necesidad: "Esta fue la maldad de Sodoma tu hermana: soberbia, pan de sobra y abundancia de ocio tuvieron ella y sus hijas y no fortaleció la mano del afligido y del necesitado." (Ez 16.49). En los Estados Unidos hace apenas un par de años que se abolieron las "leyes de sodomía", siempre relacionadas equivocadamente con los pecados de la carne. Esta mala interpretación es muy conveniente para una sociedad que le rinde culto a la riqueza.

Se arrepintieran (6.12). No significa únicamente adherirnos a un nuevo credo, sino sobre todo seguir a Jesús en su estilo de vida a favor de los seres olvidados de la sociedad.

Ungían con aceite (6.13). Este líquido era el remedio más popular para calmar algunos dolores en ese entonces. Hasta la fecha son muchas las denominaciones que lo siguen utilizando.

Y los sanaban (6.13). Jesús multiplica su acción sanadora, salvadora, salutífera. Su pastoral efectiva y gratuita no tardará en ser objeto del repudio de Herodes.

6.14-29 Banquete de cumpleaños; baile de la muerte de Juan el Bautista

(Mt 14.1-12; Lc 9.7-9)

Aquí tenemos otro de los muchos paréntesis de Marcos. Interrumpe su narración del envío, para insertar el desenlace de la historia de Juan primo y mentor de Jesús. Con ello ilustra el costo del discipulado. Asimismo, caigamos en la cuenta de que a partir de este episodio y hasta el capítulo ocho Marcos ensarta una serie de historias que giran alrededor de la comida.

Herodes Antipas (6.14) estudió en Roma con los mismos filósofos que el príncipe Claudio. Uno de los muchos hijos de las diez esposas de Herodes el Grande, Herodes Antipas, reinó del 4 a.C. al 39 d.C. Siempre luchó con Roma por obtener el título de rey, pero siempre se lo negaron. Se conformó con el título de tetrarca, es decir con señorear exclusivamente sobre Galilea y Perea. Pero en este relato se le va la boca y se presenta como rey y, lo que es más incongruente, como si tuviera la capacidad de disponer de su reino sin consultar al Imperio. Empezó su gobierno cuando contaba tan sólo 16 años. De su fiebre por las construcciones, resultó la remodelación de Séforis, su ciudad capital y posteriormente la de Tiberiades para congratularse con el emperador Tiberio.

Oyó Herodes de la fama de Jesús (6.14). El chisme en las sociedades que no tienen amplio acceso a la escritura juega las veces del mensajero que lleva y trae las nuevas.

Juan el Bautista ha resucitado (6.14). Su fino olfato político le permitió a Herodías ver la creciente popularidad de Juan aún estando en prisión, en contraste con el miedo y pérdida de autoridad de su esposo. Algo debía hacer la reina al respecto. El hecho de que Juan permaneciera aislado en la fortaleza de Maqueronte a orillas del Mar Muerto le echaba más leña al fuego a las ansias de libertad de su gente. ¿Por qué no aprovechar el banquete montado en la misma fortaleza veraniega para "retirar ese pelo de la sopa"?

Juan denunció un matrimonio ilegítimo (6.18), a todas luces condenado por la Torá (Ex 20.17; Lv 18.16). No se piense que Juan el Bautizador era un legalista. Su objetivo era por lo menos doble: por un lado denunciar los matrimonios por conveniencia política y de esa manera debilitar a Herodes y, por otra parte, aplicarle la ley judía al rey tan servil del Imperio Romano.

La maraña de casamientos y descasamientos es muy compleja. La intriga política, el ascenso al poder, la legitimación religiosa, todo está mezclado. Por citar un ejemplo, aquí nos topamos con Herodes Antipas, hijo de Herodes el Grande y de Malthace, que se casó con Herodías. Ella a su vez estuvo casada primero con el medio-hermano de Antipas, o sea Herodes Filipo, hijo de Herodes el Grande y de Mariamme II, quien era hija del Sumo Sacerdote Simón. Ahora bien, la hija de Herodías, Salomé, se casó con Filipo, el hijo de Herodes el Grande y de Cleopatra, su quinta · y última esposa.

Ofreció un banquete de cumpleaños para la crema y nata de Galilea con comida gourmet y bebida con bouquet (6.21). Herodes banquetea mientras su pueblo hambrea (Mt 6.11, 25; 11.28). La comida es un indicador de rango y poder. Éste es un banquete cerrado donde la etiqueta del *RSVP* (haga el favor de confirmar su asistencia) no es negociable. Los príncipes, tribunos y altos dignatarios fueron testigos de la promesa que Herodes, al calor del vino, le hizo a Salomé. Si el rey se hubiera retractado, hubiera sido el fin de toda su credibilidad ante sus colaboradores más cercanos.

Danzó y agradó (6.22). La danza sensual quebró la voluntad de Herodes y rompió las normas de la etiqueta, pues sólo las prostitutas se prestaban para esos espectáculos.

La mitad de mi reino (6.23). En un salón contiguo las damas de sociedad degustan su propio banquete. Antipas apostó el todo por el todo en tanto que ninguna mujer podía recibir el total de las posesiones de un hombre, sino la mitad como máximo. Puso sobre la mesa la proposición indecorosa dirigida a su hijastra: casarse con él. "Mientras el hacha va y viene" Herodías le tomó la palabra y le pasó la factura al incómodo Juan el Bautista.

Trajo la cabeza de Juan en un plato (6.28). La cabeza de aquel que "ni comía ni bebía" (Mt 11.18) yace ahora en una cazuela. Muestra lo sucio de las clases tan pulcras, la crueldad de la exquisitez de la aristocracia, el desprecio y perversión de la mesa. El desprecio de una de las actividades más gratuitas de la vida: el baile. El abuso de la juventud por parte de sus mismos progenitores. La degradación de la comida, lugar de la recreación de la vida, en ocasión para planear la muerte. Allí mismo, su fortaleza blindada de Maqueronte cuenta con calabozos donde decapitan al profeta en el acto: "en caliente porque después se ceba el caldo". ¡Esta es una cuestión de honor!

Sus discípulas y seguidores le dieron sepultura (6.29). Lo más vergonzoso consistía en que el cadáver de alguien quedara expuesto. El grupo de Juan se atrevió a recoger su cuerpo en medio del peligro de correr la misma suerte.

6.30-44 Vísceras, vientre, intestinos: El gran atracón

(Mt 14.13-21; Lc 9.10-17; Jn 6.15-21)

Marcos retoma el hilo de la narración de la misión (6.30). Parte sustancial de ella es el dar de comer; tan es así, que el evangelista repite la historia (8.1-10) por si acaso nuestra memoria fuera muy corta. Aunado a lo anterior tenemos el hecho de que la eucaristía celebrada con pan y pescado quedó grabada en las catacumbas donde adoraba el movimiento de Jesús. Del banquete exclusivo de Antipas pasamos ahora a la mesa franca de Jesús.

Jesús y sus fieles se retiran a reflexionar y a comer. Pero la necesidad de la gente los hace cambiar su agenda (6.31).

Los estómagos satisfechos han interpretado la historia de esta comida masiva en términos meramente espirituales siguiendo al filósofo Platón, para quien el alimento espiritual "sacia más porque tiene más ser". Sin embargo, si leemos la Biblia desde el vientre hambriento veremos que este atracón se relaciona directamente con la eucaristía. De hecho, el Evangelio de Juan la menciona en lugar del relato de la Última Cena del Aposento Alto (Jn 6). De igual manera la comida masiva apunta hacia el banquete mesiánico que empezamos a saborear desde ahora. Y por supuesto que hay un vínculo también con el maná mediante el cual Dios alimentó a su pueblo en el desierto y la alimentación de las cien personas por parte del profeta Eliseo (2 Re 4.42-44). En todos estos casos se trata de comida material.

Jesús tuvo compasión (6.34). Este es un término culinario que viene del verbo griego (*esplagjnizomai*) el cual señala hacia los intestinos, entrañas, el vientre, es decir, las emociones más viscerales que nos encienden ante la necesidad de las ovejas que no tienen un pastor (6.34) a su lado para alimentarlas, cargarlas y acariciarlas. Los líderes religiosos sólo se preocupan por alimentarse a sí mismos (Ez 34.4-5) y de hacer negocio con sus ovejas (Zac 11.5). En el siglo XIII el místico Antonio de Padúa informaba sobre el mismo abandono al comentar cómo el mandato de Jesús a Pedro de "alimenta mis ovejas", lo cambiaron los papas por "trasquila y ordeña mis ovejas".

Con el sustantivo *esplagjnon*, compasión o menudencias, Jesús deja ver aquí la imagen de un Dios harto diferente del Dios de nuestros credos, confesiones y catecismos, tan apático, frío e impertinente, porque no es pertinente para nuestro contexto social de sufrimiento causado por los ricos: "La entrañable misericordia de Dios" (Lc 1.78), "los amo... con el amor entrañable de Jesucristo" (Flp 1.8).

Pero ojo con confundir solidaridad con caridad. La persona y las instituciones solidarias ayudan como un acto de justicia y movidas por la compasión combaten el sistema perverso tan disparejo. La caridad, por otro lado, bendice el presente desorden de cosas, ofende la dignidad de la persona con la transmisión de todas esas imágenes televisivas de niños raquíticos, ocultando la raíz de su mal. El proverbio africano lo capta de golpe: "La mano que recibe está siempre debajo de la mano que da".

Despídelos... que compren pan (6.36). Nicolás Berdyaev solía denunciar "Si yo estoy hambriento, ese es un problema físico; si mi vecino está hambriento, ese es un problema espiritual". Los discípulos no espiritualizan el hambre del gentío, pero tampoco muestran ningún interés en aliviarla.

Denles ustedes de comer (6.37). El gran cristiano brasileño Helder Câmara predicaba "Si le doy un pan a un pobre me llaman santo, si pregunto ¿por qué hay pobres? me llaman comunista". Muchos creyentes le hacen más caso a las críticas del peligro de querer salvarse a través de acciones humanitarias y de buenas obras y se les olvida el mandato del Buen Pastor: "Denles ustedes de comer". Es más cómodo el "going Dutch", similar a la comida soruyo del cada quien lo suyo; la ley de Esparta, cada quien paga lo que se harta; o en el mejor de los casos "no comas pan delante de los pobres".

Compremos pan (6.37). Los discípulos se rigen por la economía del mercado de comprar y vender. Jesús propone en cambio, la hospitalidad, el compartir la mesa, el no ponerle precio al hambre del pueblo. "Un vaso de agua no se le niega a nadie" es ya historia hoy en día cuando para la mentalidad de los mercaderes una botella del vital líquido cuesta más que la leche y que la gasolina, cuando el negocio del agua embotellada es más lucrativo que la industria farmacéutica. Cuando los líderes religiosos ponen a prueba a Jesús respecto a los impuestos (12.13-17), Él ni siquiera toca la moneda con la imagen del César porque su Reino es el de la solidaridad, no el de la ganancia abusiva.

Doscientos denarios (6.37). El denario era el salario de un día de un jornalero. Los discípulos todavía no digieren que en el Reino de Dios lo que impera es la donación y no la adquisición. Así el joven rico no quiso dar lo que tenía a los pobres (10.17-22), a diferencia de la Iglesia primitiva que compartía a fin de que no hubiera pobres entre sus filas (Hch 4.34). Los discípulos se apoyan en la Diosa Ceres, de donde viene nuestra palabra para cereal. Pero ella pertenece al Imperio y a quienes pueden pagar la cuenta.

Cinco panes y dos pescados (6.38). Es decir, siete, o el número de la plenitud. Juan el evangelista (6.8-9) mencionó la sustancia del pan, cebada. O sea que era pan de pobre pues sólo los adinerados comían pan de trigo.

Recostar sobre la hierba verde (6.39). Jesús humaniza a la gente pobre que, generalmente como hasta nuestros días, comía de pie. Esa es una acción sumamente liberadora. La gente con suficientes medios económicos se sentaba, pero en las comidas realmente elegantes llamadas simposios, la gente se recostaba apoyada en su brazo izquierdo. Jesús le está diciendo a la multitud que merece ser servida y ser amada. El banquete de Herodes apenas mencionado es para la crema y nata; el banquete de Jesús es para quienes no saben lo que es comer sin sobresaltos.

Se recostaron por grupos (6.40). Las dotes organizativas de Jesús salen a relucir. Más que el milagro de la multiplicación, es la estrategia de la distribución. Cuando la gente sale al campo va preparada con su itacate (*lunch*). El pueblo sabe leer los signos del estómago.

Tomó, bendijo, partió y repartió (6.41). Son los mismos verbos que Jesús utilizó en la eucaristía (1 Co 11.23ss) lo cual indica la continuidad que existe entre dar de comer a la persona hambrienta y comulgar en la mesa de Jesús. Dar gracias y dar de gratis son hermanas gemelas.

Se saciaron (6.42). Jesús actúa desde la generosidad y el desinterés; el Imperio da de comer desde la política del pan y circo para mantener a la gente dependiente y obediente. El Reino de Dios está ya presente donde la gente hambrienta se harta de comida (Lc 6.21).

Sobraron 12 canastas llenas (6.43). El número como sabemos apunta hacia Israel, es decir que hubo suficientes tortas de pescado para alimentar a todo el pueblo. Comieron 5,000 hombres (6.44). El número es simbólico para indicar una gran cantidad. Las mujeres y los niños no contaban para fines del censo, a pesar de que fue un niño el primero que puso el ejemplo de compartir su "lunch", arepas, pupusas, alcapurrias o tacos que llevaba. La multitud hace temblar a cualquier político. La capacidad de convocatoria de Jesús no les conviene a las autoridades civiles y religiosas.

6.45-52 Jesús anda sobre el mar

(Mt 14.22-27; Jn 6.15-21)

Los discípulos entraron en la barca (6.45). La barca ha sido un símbolo central a lo largo de la historia de la Iglesia, pues se señala a la Iglesia como arca de salvación, como la de Noé. En los países escandinavos todavía cuelgan en la nave de muchas iglesias barcas inmensas. La barca también es un símbolo de la discordia, pues las distintas ramas y denominaciones cristianas se pelean por ser la verdadera barca con Jesús a bordo.

Se fue al monte a orar (6.46). Es el lugar de la revelación, de la intersección entre lo divino y lo humano y el lugar donde Moisés se encuentra con Jehová (Ex 32.30-34).

Lo confundieron con un fantasma, entonces gritaron y se asustaron (49-50). Tristemente los creyentes siguen viendo fantasmas en todos lados. La Iglesia cristiana ha predicado el miedo hasta el hastío. Para ello se ha valido de la Santa Inquisición, las Cruzadas, la cacería de brujas, las guerras santas, etc. La hispanidad ha parido sus propios fantasmas: el cadejo negro, el zipitillo, el cucuy, la llorona... se nos olvida que el perfecto amor echa fuera el temor (1 Jn 4.18).

El viento les era contrario (6.48) y las olas golpeaban la embarcación (Mt 14.22). Aquí hay una referencia a la semejanza que existía con la manera en que Roma golpeaba a los pueblos conquistados con su política tiránica. Jesús los alcanzó entre las tres y seis de la mañana, es decir, en la última de las cuatro vigilias con las que los romanos dividían la noche. Anduvo sobre el mar (6.48), entonces gritaron como para reprender a algún demonio (6.48). El mar era territorio donde el Imperio Romano también dominaba. Domiciano, el emperador, solía decir "Yo gobierno sobre la tierra, mar y naciones". Jesús rompe con ese temor imperial y pisotea el mar, como en el Cielo también se pisotea al ídolo del oro y se le recuerda que únicamente tiene un valor decorativo y no más (Ap 21.21).

Yo soy (50), nos remite al gran "Yo soy el que soy" (Ex 3.4), que algunos traducen como "sea yo quien sea, tú ve y obedece". Nada que ver con el egoísmo o el "pequeño ser" que aflora en nosotros los mortales.

No tengan miedo (6.50). De cara al terrorismo imperial y a todos los miedos que los discípulos han interiorizado Jesús les propone "No tengan miedo". La situación no ha cambiado mucho en nuestro siglo XXI. "Los civiles le temen al ejército, el ejército le teme a la escasez de armas, las armas le temen a la escasez de guerras" (Eduardo Galeano) y a todo mundo se le olvida que el "Imperio tiene pies de barro".

No habían entendido...endurecidos sus corazones (6.52). El corazón en la cultura de Jesús es el asiento del pensamiento. Lo contrario de la Fe no es la incredulidad sino el miedo. Lo contrario del conocimiento no es la ignorancia sino la ceguera en no percibir la presencia del Reino en el hecho de mitigar el hambre material (6.52), en la sanación, en la solidaridad con las personas olvidadas.

Cambio de ruta (6.54). Programaron llegar a Betsaida, que significa "la casa del pescado". También era conocida como Julias, para inmortalizar el segundo nombre de la esposa de Augusto. Betsaida quedaba fuera de la jurisdicción de Herodes y era un lugar seguro para Jesús; pero los vientos huracanados los llevan a Genesaret (6.53).

6. 53-56 Jesús sana a dos enfermos en Genesaret

(Mt 14.34-36)

Marcos toma un descanso en su narración para hacer un recuento de la obra sanadora de Jesús (6.53).

Aldeas, ciudades o campos (6.56). De todos lados y de todos los males se le agolpan a Jesús. Él no los hecha fuera. Tampoco condiciona sus servicios. No hay ningún asomo de reclamo, sino la gratuidad de su misericordia para con las ovejas que yacen sin pastor.

El borde de su manto (6.56), se refiere a la prenda de vestir propia de los judíos piadosos (Nm 15.37-41). No así la creencia de quedar sano con sólo tocar el vestido, la cual procede del pueblo griego.

7.1-23 Alimentar a la madre y al padre es lo primero

(Mt 15.1-20)

Marcos continúa su narración acerca de las muchas controversias en torno a la comida. De hecho el Concilio de Jerusalén (Hch 15) celebrado por la Iglesia primitiva, ratificó la naturaleza de la mesa cristiana abierta para todo ser humano. Los eruditos de la interpretación de las Sagradas Escrituras, los escribas y fariseos, nuevamente se desplazan desde Jerusalén (7.1) para investigar a ese Nazareno y su interpretación liberadora de la Ley divina. Sus motivaciones son turbias, quieren encontrar un motivo para nulificarlo.

La tradición de los ancianos (7.3) se refiere a la ley oral, la cual llenó el vacío en torno a las cuestiones que la ley escrita no abordó. Los fariseos la favorecieron por encima de la Torá misma. Para Jesús no es sino tradición de hombres que han dejado de lado la humanidad de las personas más vulnerables socialmente. Nuestras confesiones de fe y muchas de nuestras tradiciones evangélicas, más fieles a la cultura occidental que a la Escritura, quién sabe si resistirían el juicio de Jesús.

El mercado, (7.4) en un sentido, era un lugar contaminado para las autoridades religiosas, pero al mismo tiempo era el sitio predilecto donde inspeccionaban si los productos ahí vendidos habían cumplido con la ley del diezmo. En caso contrario los declaraban impuros. La pureza tenía un precio monetario. El dinero cubría multitud de pecados.

Marcos se desespera en citar todas las cosas a las que se aplican las leyes de pureza (7.4). La mayoría de las cocinas en los Estados Unidos tiene un fregadero con dos compartimentos para lavar los trastos. Este mueble no fue diseñado para enjabonar en uno y enjuagar en el otro. Fue creado para lavar un tipo de utensilios en el izquierdo y otros en el derecho a fin de no contaminarse. Lo cierto es que cientos de millones de personas quisieran contaminarse con lo que fuera con tal de probar bocado.

Jesús da un giro de 180 grados a la interpretación farisea de la ley apegada a la tradición de los ancianos. Ésta no consiste en la limpieza externa sino en la pureza de corazón (7.6). Pero cuidado con la interpretación sentimental del corazón. En tiempos de Jesús en el corazón coinciden tanto el pensar como el querer y el hacer. Apoyándose en el profeta Isaías, (29.13) por "corazón" Jesús no apunta hacia la interioridad huraña sino al centro desde donde se oprime al prójimo. El criterio de verdad es la necesidad de la persona. El ser humano no fue creado por causa de la ley sino ésta para el bien de lo humano.

Hipócritas (7.6). Tal vez en el teatro de Séforis o por sus calles Jesús se topó alguna vez con alguno de los actores, llamados *hipocrites*, quienes portaban una máscara (*prosopon* en griego y *persona* en latín) de acuerdo con el personaje que encarnaban. Como el avión que ya casi despega, Jesús se encuentra en el punto desde donde ya no hay marcha atrás. Ya agotó sus recursos de querer ganarse a los religiosos para la causa del Reino.

Para reforzar su argumento Jesús les echa en cara a los expertos de la Torá que, mientras ellos se muestran muy piadosos al no querer contaminarse comiendo con las manos sin lavar, son impíos en una situación más apremiante. Son crueles con las personas pobres que en lugar de honrar a sus padres como Moisés lo indica (Ex 20.12), al brindarles lo más básico, es decir el alimento, prefieren desviar esa ayuda vital hacia el tesoro del templo (7.12). El corbán, "ofrenda" o "donación", era un voto que a veces hacían los hijos para penalizar a sus progenitores encauzándola hacia Jerusalén, para deleite de los teólogos (Nm 30.3).

El Galileo abre el debate a toda la multitud (7.14). No actúa con el secretismo y actitudes solapadas de los doctores de la Ley. Jesús desarrolla un pensamiento crítico en conjunto con la multitud.

"Nada hay fuera del hombre que entra en él, que lo pueda contaminar; pero lo que sale de él, eso es lo que contamina al hombre" (7.15). Hay creyentes que coleccionan frases textuales de Jesús como ésta. Existen versiones de la Biblia que las imprimen en tinta roja. Sin embargo, en Marcos tales palabras son pocas, pues la intención del evangelista es más bien mostrar los hechos atrevidos y amorosos del Nazareno. Algunos europeos citan este texto (7.15) para prohibir el cigarro, cuyo humo entra y sale inmediatamente del cuerpo, a diferencia del licor que supuestamente sólo entra. Los escribas y fariseos no estaban bregando con cuestiones de higiene, sino de pureza. Pero Jesús está más interesado en cuestiones vitales, es decir, en el espíritu de la ley que promueve la vida (2 Co 3.6). No es la pasión por la tilde sino la compasión por la persona integral.

Lo que entra en el vientre sale a la letrina (7.19) pues todos los alimentos son puros (7.19). Esta es el acta de defunción de la comida "pura" e "impura" y con ello la inauguración de la mesa abierta para "la gente impura", por cuanto todo lo que Dios creó fue bueno en gran manera (Gn 1.31). Pedro más adelante recordará este episodio y comerá con Cornelio el fuereño (Hch 10.9-16).

Mantener su status social con el cómo, dónde, cuánto, con quién y qué comemos no es lo que importa, sino dar de comer a la persona hambrienta, empezando con nuestros progenitores (Ex 20.12). Jesús traslada el asunto en discusión de la letra de la ley que mata, al espíritu que vivifica a través de un corazón solidario, compasivo, honrado, justo (7.21-22). Del recto-rito al recto-actuar. De la mesa excluyente a la mesa inclusiva. De la excomunión a la comunión.

Las leyes de este país por un lado permiten la exportación de alimento subsidiado a los países pobres, causando con ello la muerte de la agricultura de esos lugares. Por otra parte, cuando se interna en los Estados Unidos ese campesinado expulsado de sus tierras se les llama ilegales. ¿No son más bien las grandes corporaciones de comida las ilegales? Como creyentes en Jesús ¿no va primero el prójimo independientemente de su situación "legal"? ¿No es menester obedecer a Dios antes que a los hombres? (Hch 5.29). ¿No haremos bien en distinguir entre lo legal y lo moral?

7.24-30 Las migajas de las migajas o el derecho a comer

(Mt 15.21-28)

Tiro y Sidón (7.24). Jesús se exilió en territorio extranjero. ¿Será porque busca refugio inmediatamente después de abrogar las leyes de pureza y la tradición oral opresoras de los pobres, es decir, el asunto más importante para las autoridades judías? O, como hemos visto, tal vez se deba a que necesita un espacio con sus seguidores para poder reflexionar, estudiar y organizar sus ideas para lo que resta del trayecto. Lo cierto es que el pueblo judío alimentaba muchos resentimientos en contra de esta región. Sus ciudades abusaban del campesinado galileo que les abastecía de alimentos. Eso explicaría su sentencia tajante "deja primero que se sacie mi gente..." (7.27).

Una mujer se postró a sus pies (7.25). En este caso no se refiere a un gesto corporal para mostrar su rango social inferior, pues esta actitud se observaba únicamente entre hombres. La mujer sencillamente intenta conseguir un favor, sin importar que como mujer no tenga ningún derecho a hacerlo. Lo correcto hubiera sido que un varón, padre, esposo o hijo intercediera, pero por alguna razón ella se presenta sola. A la vez, como mujer sabe la condición dura que su hija tiene que afrontar por el solo hecho de ser mujer y saca la cara por ella, al precio de cualquier humillación.

¿Era una mujer negra? (7.26) Mateo complementa la historia al añadir que era cananea y por lo tanto perteneciente a los enemigos políticos del pueblo judío. Mujer de voz fuerte (Mt 15.21) que sabía gritar, levantar la voz. Las chicanas adquirieron nueva fuerza cuando trabaron contacto con las puertorriqueñas y las cubanas y cayeron en la cuenta de que podían decir "nosotras", estar seguras de sí mismas y aceptarse desde su ser mujer, dejando atrás la voz quedita rayando en el cuchicheo.

La vida perruna (7.27-28). El Talmud asociaba a los no judíos con los perros. Estos animalitos eran considerados malos, impuros e indeseables (Sal 22.16-20). Lo más ominoso de las crucifixiones consistía en dejar los cadáveres expuestos para ser comidos por los perros y otros animales de rapiña. Jesús amortigua el insulto al llamarla cachorrita, pero recordemos que los judíos no estimaban a los perros. Otra manera de quitarle fuerza a este episodio es querer convertir a esta mujer en una filósofa cínica, dado que cínico también se puede traducir por perro. Tengamos presente sin embargo, que hay de perros a perros, dependiendo de qué país o clase social estemos hablando. Ponce de León, el "conquistador" de Puerto Rico, sentaba a su mesa a sus perros para comer con él. Los aztecas gustaban de los perros (del náhuatl *ixcuintle*, perro lampiño) pero para comérselos. *Escuincle* ahora se usa como despectivo para niño travieso, en contraste con el cariñoso *chilpayatito*, es decir, niñito. En los países del Atlántico Norte mandan a sus perros a la escuela y al psicólogo. En muchas de sus iglesias los bendicen y oran por ellos. Hay calcomanías que dicen "permanecemos unidos por el bien del perro". Lo primero que tienen que aprender quienes viajan a los países del sur es a no acariciar a los perros. Respecto a nuestra historia en los EE.UU. la mejor traducción para "perro" vendría siendo "rata".

Arrojarlo (7.27). Ni siquiera dice darlo. Nos recuerda la parábola del rico y Lázaro (Lc 16.19-31) donde las miguitas que el mendigo obtiene no son sobras limpias. Las familias acomodadas destinaban un pan como servilleta para limpiarse los dedos con los que comían. A diferencia de la tortilla que hace las veces de plato, cuchara y servilleta pero que se come después de haberse limpiado los labios, los judíos que tenían medios arrojaban al suelo el pan pita enmugrecido. Los perros lo comían con avidez. Una vez satisfechos, el sirviente barría las migajas de las migajas hacia la calle, donde los indigentes las recogían. Arrojar nos habla de la corrupción del pan al convertirlo en servilleta, exactamente como en muchas mesas hoy se corrompen la lechuga y otros comestibles al reducirlos a decoraciones.

"Sí Señor, pero..." (7.28). Este es un pero importantísimo. Se pone al tú por tú con Jesús. Ella es una mujer brillante, segura de sí misma, que no evade la vida y que sabe leer la realidad. Sabe que casi nadie abandona su tierra por nada, reconoce al Jesús fugitivo de su pueblo mismo. Si Jerusalén le es hostil, los cananeos serán hospitalarios.

"Sí Señor pero..." (7.28). Tal vez ella le dio a Jesús una clase de historia. En medio de una tremenda hambre, mientras el rey Acab estaba preocupado por alimentar a sus caballos y mulas (1 Re 18.5), imitando al rey Salomón cuando sordo ante el hambre de su gente se entretenía jugando con su monito mascota (1 Re 22.2), los cananeos fueron compasivos. Ella le recordó a Jesús la solidaridad que mostró su compatriota la viuda de Sarepta al ofrecerle al profeta Elías su "última cena" (1 Re 17.1-24), poniendo en peligro de muerte por hambre tanto a sí misma como a su hijo.

"Sí Señor pero..." (7.28). La sirofenicia sólo tiene una hija en un mundo patriarcal y en un tiempo en el que la mortandad infantil era grande; el 30% de los niños no llegaban a los seis años, el 60% fallecían antes de los 16; el 75% de la población moría sin llegar a los 26 y el 90% no llegaba a los 46. Hoy en día los niños de Honduras nacen con una esperanza de vida once años menor que los de Costa Rica. En los EE.UU. el 1% de la población tiene el monopolio del 40% de la riqueza del país; en contraste con el 40% de habitantes, quienes a duras penas tienen acceso al 1% de los bienes. Quienes moran en algunas zonas postales tienen una esperanza de vida 17 años por debajo de quienes viven en otras áreas.

Por causa de esta palabra (7.29). "Grande es tu fe" (Mt 15.28). Jesús no pudo más y declaró su derrota. De esta manera le da el crédito a su palabra filosa y sobre todo a su fe orientada hacia la vida. Esta es una afrenta personal y colectiva. Según Lutero, esta mujer atrapó a Jesús con las propias palabras del Nazareno. Sólo la humildad de Jesús de saber perder hace posible el hacerle justicia a esa gran mujer anónima. Correcto, ella no compartía la fe judía; pero participaba de la fe del Reino de Dios y su justicia desde el interior de su propia religión. Jesús no la convierte al judaísmo ni mucho menos al cristianismo que aún no existía. Jesús se convierte Él mismo a ser hospitalario con las personas y pueblos no judíos y a reconocer que su fe es valiosa, que su fe debe ser respetada y celebrada. Jesús y la cananea nos dan una lección de lo que es el diálogo entre religiones. Quienes siguen a Jesús no volverán a llamar Satanás a Belzebú, una divinidad ancestral cananea. Tampoco volverán a mostrar su intolerancia con el dicho "El que come con un idólatra es como si comiera con un perro". Jesús en suelo palestino echó por tierra las leyes de pureza de la mesa, ahora en territorio no judío declara su fe de alto valor. El Reino de Dios traspasa las barreras de género, cultura, geografía, política, economía, raza y todavía más, las de religión. Jesús es del dominio público.

7.31-37 El sordomudo extranjero

Fuera de la Tierra Santa (7.31). Desde Jesús toda tierra es santa, así es que se sigue internando en territorio no judío. También le sirvió para rehuir a Herodes.

Un sordo y tartamudo (7.32). Las personas gagas o tartamudas generalmente lo son como resultado de su sordez. Los dedos y el escupitajo (7.32). Era común en ese entonces relacionar la saliva con la fuerza personal y adjudicarle poderes curativos. *Efata* (7.34), ábrete, la traducción sirve para indicar que se encuentran en tierra donde no se habla el arameo.

Esta historia ha sido una de las favoritas para espiritualizar su significado. El dedo ha representado al Espíritu Santo entrando por el oído (Lc 11.20) y la saliva al agua bautismal. Así perdemos de vista lo central de cómo Jesús realiza la profecía liberadora de Isaías de sanación para las personas sordas (35.5-6).

Todavía hasta nuestros días marginamos a la población con defectos físicos. Una manera elegante de hacerlo es reduciendo su dolor al inventar un lenguaje indirecto y equivocado "personas con desafíos físicos", "con limitaciones diferentes a las nuestras". Al no nombrar los males por su nombre no nos sentimos responsables frente a ellos. La historia de la Iglesia está llena de textos de terror en este orden de ideas. Como Agustín de Hipona que les cerró el Cielo arguyendo que "la fe entra por el oír y el oír por la Palabra de Dios" (Ro 10.17), o como Lutero que sostenía que las personas con labios leporinos eran fruto de la copulación de mujer con demonio.

8.1-10 Alimentación de los 4,000

(Mt 15.32-39)

Quienes estudian la Biblia con más detenimiento hablan de seis diferentes versiones de un solo acontecimiento: el atracón del gentío. El doblete de Mateo y Marcos de este relato (6.30-44) es un indicador del papel tan central que jugó en las comunidades primitivas. De hecho, en el evangelio de Juan esta comida a campo abierto hace las veces de la institución de la Sagrada Cena o Eucaristía (6.1-15).

Los números registrados de los comensales, 3,000; 4,000; 5,000 guardan una relación con la manera exagerada del habla semita, de manera similar al lenguaje hiperbólico, colorido y vigoroso de la hispanidad.

Marcos da cuenta de la comida masiva ahora desde un contexto extranjero (7.31). Jesús comparte su pan con el malamente llamado pueblo pagano o gentil. En el Reino de Dios no hay extranjeros ni reglas de pureza, sino que reina la compasión, el compartir las arepas, los tostones, el panapen con la persona hambrienta sin mirar su nacionalidad.

Hubo comida de sobra (8.8), la mujer cananea (7.24-30) tenía razón; en las comunidades donde reina la solidaridad hasta los perros son bien servidos.

Dalmanuta (8.10). De regreso a Galilea, este sitio aún no ha sido identificado. La buena noticia es que Jesús se mete hasta en los lugares más recónditos sin distingos ni discriminaciones.

8.11-13 La demanda de una señal

(Mt 16.1-4; Lc 12.54-56)

Ya en "Tierra Santa" los fariseos ni tardos ni perezosos contraatacan. Quieren una señal del cielo (8.11), pero no para creer sino para usarla en su contra, como muestra de su poder mágico demoníaco. La señal del cielo (Is 7.10-17) tiene que ver con su certificación o no por autoridad divina, según los criterios farisaicos. Pablo comprendió muy bien la agenda farisaica, siendo él mismo de esta escuela: "los judíos piden señales y los griegos buscan sabiduría" (1 Co 1.22). Según Marcos 13.22 el criterio de verdad de la señal del cielo es la liberación aquí en la tierra.

De acuerdo con Lucas 11.29-30 y Mateo 13.38-39 Jesús sí les dio una señal, "la señal de Jonás": Nínive, la ciudad capital del Imperio Asirio se arrepintió de todas sus injusticias. Jesús y su mensaje son la señal, en tanto que para quienes ponen a prueba al Galileo, no hay acciones liberadoras que valgan. ¿Qué más señales querían ver que las hasta aquí experimentadas?

"Esta generación" (8.12) apunta hacia ciertos seres humanos que en cada generación han endurecido sus corazones (Gn 7.1). Un mecanismo que las clases dominantes usa para mantener empobrecido al pueblo es precisamente el de la señal del cielo. Jesús en cambio ofrece señales terrenales del Reino de Dios; por eso al orar pide "hágase tu voluntad así en la tierra como en el Cielo".

La población afroamericana de los Estados Unidos reclamó sus derechos cuando aprendió a disfrutar el pastel o biscocho terrenal, a diferencia del celestial que le ofrecieron, siempre sólo platicadito (*pie, pie in the sky bye and bye*). Este país concede la ciudadanía a los cadáveres hispanos que regresan en bolsas de plástico después de enlistarse en el ejército en calidad de residentes.

Jesús por su lado, no busca la aprobación de la delegación de Jerusalén. Opta por desviar su ruta nuevamente hacia territorio no judío, no sin antes suspirar profundamente (8.12) ante su impotencia misma.

8.14-21 La levadura de los fariseos

(Mt 16.5-12)

La levadura (8.14) consiste en una bacteria que hace que la masa se infle, se aligere y se le pueda dar la forma deseada. La cultura de Jesús no podía pensar en términos de los recientemente descubiertos microbios. Sin embargo consideraban la levadura metáfora de la corrupción (Ex 12.15; 1 Co 5.7-8). Ello puede significar que se le viera de reojo puesto que ocasionaba que la masa rebasara los límites fijados en el recipiente. También Jesús pudo referirse a la levadura para denunciar la idea errónea de entender la misión del Mesías como aliado del poder de los fariseos y de los herodianos. Y finalmente, la levadura asimismo puede apuntar hacia quienes seguían a Jesús, considerados impuros por las autoridades religiosas.

Los fariseos y Herodes (8.15). Jesús detectó entre quienes le tendieron la emboscada a herodianos (3.6). Los fariseos y su odio a los paganos les dan la mano a los herodianos y su servilismo para con Roma. ¿Qué más corrupción que la alianza entre dos partidos cuya guerra sin cuartel sólo encuentra tregua para matar a su enemigo común, es decir a Jesús?

"Unidos venceremos" es igualmente el lema en boga hoy en día. Pero desafortunadamente no proviene desde la solidaridad de los pueblos explotados, sino desde los imperios reinantes. Los países del Atlántico Norte representan el 25% de la población mundial, sin embargo consumen el 60% de los recursos de la Tierra. Mientras los poderosos se unen, las naciones empobrecidas pelean entre sí siguiendo la consigna creada desde arriba, "divide y vencerás".

Endurecido el corazón (8.17). Jesús está frustrado con sus propios seguidores que todavía no asimilan el hecho de que el Mesías les pertenece a las personas hambrientas, enfermas, excluidas. Los discípulos todavía acarician la idea de construir un reino que favorezca a los pocos: hombres, judíos, ricos, nacionalistas, exitosos, sanos, sin cuerpos mutilados.

8.22-26 El ciego de Betsaida-Julias

La ley judía cobija a la viuda, al huérfano y al extranjero, pero ni por equivocación tiene una palabra de protección para las personas enfermas. La fórmula enfermedad-pecado había calado hondo. De ahí que tocar (8.22) a un ser humano enfermo contaminara a toda la comunidad. Las personas enfermas sufrían no solamente su mal físico sino también el repudio y la muerte social.

Betsaida (8.22). En la geografía de la salvación encontramos ahora a Jesús y su equipo al nordeste del lago de Galilea. El nombre original de la ciudad era Betsaida. Filipo la expandió y rebautizó como Julias en honor de Julia, la hija del emperador Augusto. Sin embargo su nombre original prevaleció.

Un ciego (8.22). Esta historia parece ser un doblete del episodio de la sanidad del sordomudo (7.32-37). Escupió (8.23). En ese entonces le atribuían propiedades efectivas a la saliva, sobre todo para exorcizar al demonio de la enfermedad (7.34). Puesto que consideraban el agua nociva para la piel, todavía hasta 1930 algunas madres francesas e inglesas limpiaban a sus bebés con un pañuelo ensalivado. El telón de fondo es las afueras de la ciudad (8.23), pues Jesús no perseguía el éxito, sino más bien el servicio efectivo y oportuno, sin la impertinencia y el morbo de la gente que no recuerda el dicho "mucho ayuda el que no estorba". Le preguntó (23), es decir, lo consultó, lo incluyó en el proceso de sanación. El ciego no era un ser disminuido o devaluado; era una persona digna con quien cruzar palabra.

Vio de lejos y claramente (8.25). El interés pastoral de Marcos nos narra esta sanidad en dos fases: la de la vista borrosa y la de la visión nítida. El lugar en que Marcos inserta esta historia en su evangelio nos permite ver que en la cura del ciego está la esperanza de quienes seguían a Jesús: finalmente verían la realidad tal cual es, con alta resolución.

Johnny Weissmuller, el actor que inmortalizara el papel de Tarzán, se radicó en Acapulco, México. Una vez fallecido, alguien le preguntó a su viuda si era verdad que Johnny llegó a creerse realmente su personaje. Ella contestó con tono áspero, "Él no se creía Tarzán: él era Tarzán". A principios de la década de 1960 al final del recorrido por Disneylandia que Walt Disney le ofreció a Billy Graham, éste lo felicitó: "En verdad que es fabuloso este mundo de la fantasía". Inmediatamente el creador de Rico McPato corrigió al evangelista: "No, Billy, este es el mundo real; el de afuera es el de la fantasía". Los seguidores de Jesús ayer y hoy somos ciegos ante la cruda realidad, preferimos ver y lloriquear ante las telenovelas que ante la realidad de 43 millones de estadounidenses que no tienen acceso al sistema de salud. En lugar de enfocar nuestras mentes hacia la búsqueda de soluciones de los males sociales, gran parte de la población se quema la vista con los "reality shows". Pero lo esperanzador es que un movimiento liberador como el zapatista haya bautizado su localidad principal con el nombre de La Realidad.

Preparativos para la marcha a Jerusalén 8.27-10

Capítulo 3

8.27-30 La identidad de Jesús y la confesión de Pedro

(Mt 16.13-20; Lc 9.18-21)

Cesarea de Filipo (8.27). Aquí arranca la Cuaresma, o la jornada geográfica y temporal preparatoria para la Pascua de Resurrección. Esta es la capital de Herodes Filipo, antes llamada Panias en honor del dios Pan. Es una réplica de las ciudades griegas.

Preguntó a sus discípulos (8.27). Desde nuestra distancia de 2,000 años y desde el terreno doctrinal nos apresuramos a contestar la pregunta citando al Cristo todopoderoso en detrimento del hombre de carne y hueso, vulnerable, prófugo, exiliado político, necesitado de la afirmación de su ser por parte de la familia que adoptó. Desde nuestra mentalidad individualista también corremos por el Evangelio, dando por sentado que Jesús sólo estaba jugando a las adivinanzas, pues Él nunca sufrió crisis de identidad.

Juan el Bautista, Elías, un profeta (8.28). Marcos encuadra la identidad de Jesús dentro de la tradición profética liberadora del pueblo de Israel. No obstante este intento loable, hemos de enmarcarlo más allá de Marcos.

A la pregunta de Jesús, "¿quién dice la gente que soy yo?" (8.27), la "crema y nata" de su sociedad lo identificó de golpe: "Tú eres un glotón y un borracho" (Lc 7.34). Esos adjetivos eran inocuos en la sociedad romana y en la nuestra del "bebe y come todo lo que puedas"; en cambio, en la cultura de Jesús, la gula era considerada una herejía gastronómica y era castigada con la muerte a pedradas (Dt 21.18-21). A la pregunta de

Jesús "¿quién dice la gente que soy yo?" (3.27), los doctores en teología y obispos de su tiempo le espetaron: "Tú eres uno que come y bebe con cobradores de impuestos y pecadores" (2.16). A la pregunta de Jesús, "¿quién dice la gente que soy yo?" (8.27), los caminantes de Emaús, a pesar de que les ardía el corazón por su contacto con Él mientras caminaban, no pudieron identificarlo sino hasta el momento de partir el pan en la mesa (Lc 24.13-35). A la pregunta de Jesús, "¿quién dice la gente que soy yo?" (3.27), le replicaron los poderosos: Tú no eres como Juan el Bautista que ayuna; Tú desayunas (Lc 5.33). A la pregunta de Jesús, "¿quién dice la gente que soy yo?" (8.27) le contestamos con títulos cristológicos: "Yo soy el Pan de vida" (Jn 6.35) y "Yo soy la Vid verdadera" (Jn 15.1) divorciados de la práctica concreta de la justicia social. Felizmente, la pregunta de Jesús "¿quién dice la gente que soy yo?" (8.27), Lucas (9.18-20) la liga con el dar de comer a la multitud. De esta manera la identidad del Jesús pre-pascual, del resurrecto y del de las apariciones está íntimamente relacionada con el dar de comer a la persona hambrienta.

Jesús da un giro de pronto y arremete: "y según ustedes ¿quién soy yo?" (8.29). En ese entonces la identidad se derivaba de la comunidad mayor, pero también del círculo más íntimo como la familia. Pedro, como siempre, se adelanta y responde "Tú eres el Cristo" (8.29), nombre griego para el Mesías en hebreo. En otras palabras, Jesús es el tan esperado libertador judío. Desde ese momento de la confesión de Pedro y a lo largo de la historia, la Iglesia cristiana ha tenido la tentación de reducir la obra libertadora de Jesús a una mera fórmula teológica relacionada con lo que se conoce como el secreto mesiánico; con el momento preciso en que Jesús cayó en la cuenta de que era el Cristo, el Hijo de Dios que había de redimir a su pueblo.

Jesús les mandó que no dijeran nada a nadie (8.30), pues con las respuestas le tomó el pulso a su gente y se dio cuenta que estaban más perdidos que un juey (cangrejo) bizco. Ninguno acertó en mencionar el Reino de Dios y su justicia para los condenados de la tierra. Continuaban aferrados al Mesías que reivindicaría la supremacía de Israel sobre las naciones. De seguir propagando esa imagen del Cristo vengativo, sus días se acortarían mucho más rápidamente, como veremos en seguida.

La doble pregunta de Jesús, además de ser honrada, tiene lugar en una cultura muy diferente de la dominante de hoy día. La identidad de Jesús la define su comunidad ("¿Quién dice la gente...?") no la propia persona ("¿Quién soy yo?"). De manera semejante la hispanidad, gracias a la herencia africana e indígena, afirma sin tapujos que "se requiere una aldea para criar a una persona" o bien: "yo soy porque nosotros somos". En sí, la palabra y el concepto "privacidad" son ajenos a nuestra habla. Miguel de Unamuno afirmaba que cuando dos personas caminan juntas no son dos sino seis. Una es la persona que cree ser, otra la persona que la gente cree que es y la tercera es la persona que realmente es. Lo trágico de nuestros días es que la industria de la televisión, con más de 30,000 imágenes que vemos cada año, es la que determina en gran medida nuestra identidad. Al final del camino, especialmente la gente de color, terminamos creyendo que somos la imagen distorsionada por "la opinión pública".

8.31-9.1 Jesús predice su muerte y Resurrección

(Mt 16.21-28; Lc 9.22-27)

Esta es la primera de las tres ocasiones en que Jesús anticipa su muerte (9.31; 10.33-34). No estamos ante un fatalismo según el cual todo era cuestión de tiempo en tanto que ya Jesús tenía su destino trazado. Jesús no quería la muerte; ésta fue la consecuencia de su llamado a la conversión hacia una sociedad igualitaria y solidaria.

Era necesario sufrir (8.31). Jesús nunca creyó en un determinismo ciego donde ya los dados estaban echados y Él necesariamente tenía que morir. Al contrario. Jesús sabía leer lo que estaba pasando con el Concilio Supremo de Jerusalén y las autoridades romanas preocupadas con el poder y el dinero a costillas del pueblo sencillo. La propuesta de Jesús de un reino alternativo necesariamente lo conduciría al sufrimiento más atroz. "Era necesario" no apunta pues hacia una bola de cristal donde Jesús ve lo que viene a continuación, ni mucho menos a la mano de Marcos quien, escribiendo desde la tercera generación de creyentes, hubiera puesto en labios de Jesús lo que tuvo lugar después de esta escena.

Pedro-Satanás (8.33). La sospecha de Jesús la disipa el mismo Pedro al no comprender la naturaleza de la nueva sociedad que su Maestro está ya construyendo. Una sociedad donde quepan todas y todos. Pedro sigue apoyando la agenda del Diablo cuyo significado es *dia-bolos,* el que separa. El evangelista Lucas prefirió ignorar estas palabras duras. Mateo (16.22) las suavizó. Así como hemos de probar los espíritus también debemos de distinguir de qué Mesías estamos hablando. Severino Kierkegaard, un pastor luterano danés del siglo XIX, supo advertir a su generación sobre la abismal diferencia entre el cristianismo genuino y la cristiandad golosa del poder, honor y riquezas terrenales.

Niéguese a sí mismo (8.34). Jesús acaba de levantar la pregunta acerca de la identidad y ahora parece contradecirse pues habla de negar ese ser que somos. Lo que pasa es que, a través de la comunidad, la familia, la patria, hemos heredado una identidad; sin embargo el Reino de Dios y su justicia nos invitan a adoptar una nueva identidad: compasiva, solidaria, tierna para con los seres más vulnerables. Jesús no se pone sentimental; sabe que hay que pagar un precio.

Si alguien (8.34). Jesús no engaña a nadie ni ofrece falsas promesas. No hay asomo de coerción sino un desprendimiento de su ego.

Tome su cruz y sígame (8.34). Las palabras testigo y mártir son intercambiables. Seguir a Jesús y arrostrar la muerte van de la mano, puesto que las estructuras pecaminosas no toleran el perdón de deudas y la vida plena para todo ser humano como resultados de acatar el gran jubileo o la redistribución de las riquezas. Jesús se juega el todo por el todo: la desbandada de sus seguidores o el que dejen atrás la gracia barata y emprendan su camino hacia Jerusalén cueste lo que cueste.

La cruz dice relación a la pena capital, como la detestable moderna inyección letal, donde la gente de color sacrificada no es minoría. Sólo en Texas y únicamente durante el periodo del gobernador George W. Bush 150 seres humanos fueron inmolados en el altar del miedo.

Salvar su vida (8.35) es una crítica frontal al sistema económico imperante en la sociedad de Jesús, que lucraba con la miseria del pueblo. Ganar todo el mundo (8.36) hace referencia al ideal del Mesías de Pedro y los demás, el cual conduciría a los judíos a sacudirse del imperialismo romano y a someter a las naciones paganas; a no romper la espiral de la violencia sino a imitarla de manera satánica. Este dicho evoca el episodio de la tentación del Nazareno en el desierto, donde se le ofrecen cínicamente los reinos de este mundo administrados por el mismo Satanás (Mt 4.8-10). Perder el alma (8.36) ha sido el tema más socorrido en nuestra lectura de este pasaje. Pero es preciso recordar que "alma" en la cultura de Jesús se refería a la persona integral. Fueron los griegos quienes escindieron al ser humano en dos: el cuerpo caduco y el alma inmortal.

Generación adúltera y pecadora (8.38). Se refiere a quienes apostatan, o niegan su ser de criaturas de Dios y por lo tanto miembros de la familia universal.

Algunos de los aquí presentes no morirán antes de ver llegar el Reino de Dios con poder (9.1). El Reino de Dios no es para el más allá, ni para el más arriba, ni para la otra vida; es para el aquí y ahora aunque todavía no se manifieste plenamente. La garra evangelística del Nazareno siempre va acompañada de la fuerza de sus acciones. Lo que hasta aquí llevamos comentado está signado por la prohibición de Jesús de revelar su identidad, pero aquí anuncia un cambio: el Reino de Dios a la vista. Jesús empieza a dejar la clandestinidad.

9.2-13 La Transfiguración

(Mt 17.1-13; Lc 9.28-36)

Seis días más tarde (9.2), es decir el día del Sabbath, de la recreación de la vida, del ajuste de cuentas a fin de que nadie pase hambre. Pedro, Jacobo y Juan (9.2). Era común en el relato de milagros el apartarse de la gente (Hch 9.40). En este caso Jesús lo hace acompañado de sus colaboradores más cercanos.

"Transfiguró" (9.2) y "ropas resplandecientes" son parte de un lenguaje apocalíptico que anuncia la glorificación pero sin evitar la cruenta muerte de cruz (Ap 7.9). Elías y Moisés, (9.4) quienes según la tradición no experimentaron la muerte sino que fueron arrebatados en vida (2 Re 2.9-12; Dt 34.5-6), en este contexto representan la bendición dada a Jesús, por parte de los máximos exponentes del profetismo y de la ley judía.

Bueno es que estemos aquí (9.5). Pedro asocia la visión con la fiesta de las enramadas (Ex 25.1-9) en cuyas tiendas habitarán las personas justas (2 Co 5.1). Pedro nuevamente quiere evadir el bajar al valle y arrostrar el conflicto. Es más cómodo permanecer en el arrobamiento celestial. Nube (9.7). Símbolo de la presencia divina, está frecuentemente presente en las manifestaciones de lo Alto (Is 4.5).

¿Qué sería aquello de resucitar (9.10)? Cuanto más Jesús se esmeraba en presentarles al Mesías sufriente (9.12), menos se despojaban de su Mesías conquistador. "Éste es mi Hijo amado" (9.7), es la afirmación de la identidad de Jesús, de ese personaje incomprendido. Dios refrenda el bautismo de su Hijo y con ello la plena aceptación de su ministerio liberador a pesar de la miríada de malos entendidos y rechazo de toda índole. Elías ya vino (9.13) en el precursor Juan el Bautista y en lugar de escucharlo, lo asesinaron.

La transfiguración nos habla de la danza permanente de la reflexión y la acción en la vida de Jesús. Este monte nos recuerda los dos momentos vitales: el de remontarse a las alturas en esa visión gozosa y el de bajar al valle para transfigurarlo. En nuestra generación la nube de Dios nos sigue acompañando con creyentes iluminados y comprometidos con transformar la sociedad de acuerdo con los valores del reino que inauguró Jesús. Helder Câmara, Dorothee Sölle, Pedro Casaldáliga, Simone Weil, son un puñado de ellos.

9.14-29 Jesús sana a un epiléptico

(Mt 17.14-21; Lc 9.37-43)

Marcos dedica la segunda mitad de su libro a la instrucción de los discípulos por parte de su Maestro. Jesús sabe que tarde o temprano irá hasta la boca del lobo, hasta Jerusalén; y que allí no habrá vuelta atrás. Para ese entonces espera que sus seguidores tengan una visión más clara de la naturaleza de su ministerio. En las sucesivas narraciones entonces tengamos presente que el énfasis recaerá en esa capacitación de su gente más cercana.

Pero no pudieron (9.18) arrojar al demonio, pues los discípulos mismos eran sordos y ciegos ante la identidad de Jesús, el que ha de probar la muerte de criminal político en el madero. "¿Hasta cuándo he de estar con ustedes?" (9.19), puede referirse al suelo judío, o quizá hace alusión a su muerte inminente.

Al que cree todo es posible (9.23). Para Jesús hay una relación estrecha entre la fe y el poder de actualizar esa creencia en la vida concreta.

Creo, ayuda mi incredulidad (9.24). Esta fe a medias estaba motivada en parte por el aislamiento social que toda la familia del enfermo sufría. La gente temía tejer lazos conyugales con todo ese clan por temor a contraer su espíritu impuro. Mientras que Marcos refiere cuatro casos de personas posesas (1.21-28; 5.1-20; 7.24-30), el autor del evangelio de Juan no menciona ni uno solo. Mateo (17.15) registra la creencia popular que asocia esta "enfermedad santa" con la diosa Luna.

Roma estaba orgullosa de contar con la bendición de su protectora la Luna, que cumplía su misión de destruir a las personas lunáticas. Pero en esta ocasión Jesús es un aguafiestas del Imperio. Oración y ayuno (9.29). Hay un tipo de oración que promueve la obediencia ciega a las autoridades; pero hay una oración liberadora. Hay un modo de orar escapista y otro que confronta la difícil cotidianidad.

9.30-32 El seminario clandestino

(Mt 17.22-23; Lc 9.43-45)

Estamos ante el segundo anuncio de la muerte de Jesús, pero siempre unido a la buena nueva de la Resurrección.

Que nadie lo supiera (9.30). El tiempo apremia y Herodes y su séquito intensifican su persecución. Jesús, desde la perspectiva de los pobres, siempre tiene su plan de emergencia bien calladito.

Enseñaba a sus discípulos (9.31). Sus clases incidían en el acontecer económico y político de su gente. Lo matarán (9.31). Jesús les explicaba la diferencia entre los falsos profetas que adulan a la corte real y el verdadero profeta que denuncia situaciones de injusticia hasta el mismo extremo de encontrar la muerte.

Resurrección (9.32). El horizonte de la esperanza siempre estuvo presente en la enseñanza y la práctica del Nazareno. Su intensa vida de oración y a favor de las causas perdidas lo sacaba a flote.

Miedo de preguntarle (9.32). No es que Jesús fuera un mal pedagogo al no crear un ambiente propicio para externar las dudas. Eran los seminaristas quienes tal vez visualizaban las consecuencias de esa enseñanza y preferían relegarlas al terreno de lo nebuloso.

9.33-37 ¿Quién es el más importante? El que comparte su mesa con este niño

(Mt 19.1-5; Lc 9.46-48)

Jesús está probablemente en casa de Pedro, su casa prestada de Capernaúm (9.33). ¿Quién es el más importante? (9.34). Los discípulos estaban discutiendo acerca de su lugar en la jerarquía del grupo. Jerarquía es una palabra griega compuesta que quiere decir "poder sagrado". La práctica de Jesús desacraliza el poder y en lugar de ello propone el servicio sagrado o la diakonía. Esta es otra palabra griega compuesta *diakonos*, o sea, a través del polvo. Era usada para referirse a los camelleros que conducían estos animalitos por el desierto polvoriento. Tristemente muchos diáconos actuales, los cuales están a cargo de las finanzas, en lugar de ensuciarse los pies sirviendo, son quienes dan las órdenes empezando por su pastor o pastora.

Se sentó y empezó la lección (9.35). A la usanza de esos tiempos se sentó para indicar que abordarían un tema esencial. Tomó a un niño en sus brazos (9.36). No fue sino hasta que el filósofo Juan Jacobo Rousseau predicó acerca de la bondad innata del ser humano que se empezó a combatir el estigma social del niño como un ser incompleto y despreciable. Los niños en tiempos de Jesús no eran abrazables sino maltratables; eran más bien considerados objetos de placer, usados para la mendicidad o simplemente arrojados a la calle. Las niñas estaban mucho más devaluadas. Únicamente un 40% de los niños alcanzaba la edad de los 16 años. La niñez no tenía estatus ni honor. Todas nuestras interpretaciones del Evangelio que aluden el espíritu noble de la niñez tienen más de un sentimentalismo inocente que de apoyo en la cruel realidad de aquellos tiempos. Llamar a alguien "muchacho" era un insulto fuerte (Lc 7.32).

Todavía en nuestro lenguaje agresivo llamamos a algunas damas de la realeza infantas. También tenemos los infantes del ejército. Y a la niñez se le conoce por infancia. Todos ellos tienen en común su in-fancia, es decir su ausencia de voz. Las órdenes se acatan; no se discuten.

El que reciba en mi nombre (9.37). Es una alusión al sacramento de la hospitalidad cuyo centro es la mesa, lugar del sustento y la recreación divina. La buena noticia es que en el Reino de Dios la niñez sí cuenta y tiene un lugar como huésped de honor. Darles el portazo es negar el discipulado cristiano. Dios en persona se revela en estos seres excluidos de la vida plena. El Reino de Dios está a favor de las personas desheredadas como este desaliñado y mal oliente muchacho.

Pero cuidado con confundir servicio con esclavitud. El delirio de grandeza es tan corrosivo como la mentalidad de esclavo. Hay personas, países, continentes enteros que han sido esclavizados por siglos y siglos y todavía se les pide que se aprieten más el cinturón o la correa para los "ajustes estructurales" que se avecinan. Si bien es cierto que las mujeres fueron creadas de las costillas de los hombres, no es menos cierto que muchos hombres viven a costillas de las mujeres.

9.38-41 De la hostilidad a la hospitalidad

(Lc 9.49-50)

Se lo prohibimos (9.38). No es por nada que Juan era apodado "Hijo del trueno". Aquí lo vemos arrojándolo sobre quienes no pertenecían a su movimiento. Jesús es reino-céntrico; sus discípulos todavía son secta-céntricos.

Quien no está contra nosotros está a nuestro favor (9.40). ¿Se contradiría Jesús con su otro dicho "El que no está conmigo, está contra mí"? (Lc 11.23). Primeramente tengamos presente que el otro, el diferente, no necesariamente es el enemigo sino que muchas veces es aliado. Esta no es una lección de tolerancia, sino una celebración de la diferencia siempre y cuando promueva los valores del Reino de Dios: la vida, el servicio solidario, la sanidad integral, la hospitalidad del vaso de agua. Por otro lado, siempre tenemos que considerar las circunstancias en las que tiene lugar esta declaración. En el Evangelio de Lucas permanecer neutral equivale a sumarse al poder del hombre fuerte, es decir el Imperio Romano, en traición a la causa de Jesús de repartir el botín entre los pobres. En el caso de Josué, que elabora la misma pregunta "¿están con nosotros o contra nosotros?" (Jos 5.13), sabemos por su mentor Moisés que estaba movido por sus celos profesionales (Nm 11.29). Lo prueba la circunstancia en la cual Josué quería prohibir a Eldad y Medad ejercer el ministerio profético por razón de no estar "oficialmente ordenados como ancianos" (Nm 11.24-30). En relación con el derrumbe de las torres gemelas de Nueva York en el 2001, cuando el presidente George W. Bush expresa "El que no está con nosotros está contra nosotros", es bien diferente. En este caso él privilegia a los EE.UU., es decir el 5% de la población mundial, y se desentiende completamente del restante 95%.

Esta es una enseñanza de humildad. La palabra latina *humus* significa tierra. No podemos ser obsesivos compulsivos, controladores, narcisistas, que pensamos que todo mundo ha de hacer las cosas a nuestra manera. Ningún Juan tiene el monopolio del Reino de Dios, ni las llaves del saber definitivo. El Espíritu Santo es como las turbulencias, impredecible, sopla donde quiere y cuando quiere. Nos conviene una buena dosis de modestia. La religión africana-haitiana del vudú, por citar un ejemplo, ha sido diabolizada por Hollywood y por la misma Iglesia cristiana y sin embargo fue el sustento espiritual de generaciones enteras. Junto con el candomblé, la santería y otras religiones de cuna africana, el vudú mantuvo a flote la dignidad y la sed de libertad de las masas de esclavos.

Cuando a Paulo Freire, el gran educador brasileño del siglo XX, le criticaban por ser manipulado por algunos movimientos partidistas, él, sereno como Jesús, contestaba que él se prestaba con agrado porque eran causas justas. Con-fundirse incondicionalmente con ellas sin criterio alguno es otra cosa. Las causas esterilizadas no existen, pero sí inspiran al fanatismo fundamentalista o en todo caso a la parálisis de la indecisión o a la neutralidad cómplice.

Dar un vaso de agua en mi nombre (9.41). Equivale al ejercicio de la hospitalidad al compartir el bebestible primordial. En tiempo de Marcos este imperativo de Jesús es aún más dramático dado el ambiente de persecución que lo rodea. En aquellos días el agua no era de fácil acceso. Las guerras por el agua son antiquísimas, pero en nuestros días han alcanzado proporciones inmensas. Así como la expresión "estás en la Luna" perdió su sentido después de 1969 cuando el ser humano puso su pie en nuestro satélite; así también el dar un vaso de agua tiene otro sentido en el siglo XXI. La privatización, la contaminación, la desacralización del líquido vital están a la orden del día. Los países del norte consumen un promedio diario de 400 a 500 litros por persona, mientras que en el sur son 20 litros. Más de mil millones de seres humanos no tienen acceso al agua limpia. La Coca-Cola es la principal fuente de trabajo en África. Desde la II Guerra Mundial, el Banco Mundial ha jugado un papel central en la construcción de las 800,000 presas cuya agenda principal es controlar el "oro azul". La guerra permanente desde 1948 entre israelíes y palestinos incluye también al agua como manzana de la discordia. El Mar Muerto muere a pasos agigantados pues únicamente recibe un 2% del "caudal" del río Jordán.

Aquí Jesús equipara el acto espectacular de expulsar demonios con la acción anónima de dar de beber al sediento. En nuestros tiempos dar un vaso de agua se está convirtiendo en un acontecimiento heroico, donde el agua aprisionada en botellas plásticas cuesta más que la leche y que la gasolina.

9.42-50 "Haya sal entre nosotros" Otra vez la comida

(Mt 18.6-9; Lc 17.1-2)

Esta parábola aborda el tema del recto pensar y actuar y tiene como telón de fondo un comestible básico, la sal.

Estos pequeñitos (9.42). Jesús apuesta por los seres perdedores, los pequeñitos, los expulsados de la historia y de las murallas de Jerusalén y las grandes ciudades. Marcos recupera esta historia de la reivindicación de la gente de los sótanos, perseguida, difamada.

Piedra de molino atada al cuello y arrojado al mar (9.42). Jesús alude al castigo romano impuesto por el emperador Augusto contra todo aquel que ejerza "actos de arrogancia y codicia". Este castigo terrorista tenía lugar en su territorio, el mar, y pretendía mantener a sus subordinados en su puesto asignado. El Galileo revierte el castigo imperial con su parábola liberadora de no escandalizar a la gente sencilla.

Amputación de órganos (9.43). Jesús no condena al cuerpo. Lo que reprende es toda acción del ser humano que escandalice y margine a sus otros semejantes, los más ignorados. Algunos cristianos como Orígenes interpretaron al pie de la letra la Escritura y se convirtieron en eunucos por el Reino basando en estos textos un cristianismo ascético, huraño y hasta masoquista. La Ley del talión (Mt 5.38) del ojo por ojo también perdió de vista lo primordial que es luchar por la justicia a favor de "los pequeños", en vez de mutilarse. Isaías 56.4 no tiene problemas en aceptar a los eunucos, lo mismo que Jesús (11.17). En la historia de la Iglesia tuvieron acceso al ministerio ordenado hasta el año 325, cuando el Concilio de Nicea, en su primer canon, prohibió la auto-mutilación.

Fuego eterno (9.43). Aquí hace referencia al Valle de Hinom, en las afueras de Jerusalén, el gehenna, lugar destinado para incinerar la basura. Allí iban a parar todos los desechos además de que en tiempos antiguos fue un sitio predilecto para el infanticidio. Con el correr de los años se le asoció con el lugar del Juicio Final para los pecadores (Jer 7.30-34). El hedor, el picor, el ardor y el frenesí de la gusanera eran inevitables. Nuestra palabra infierno, del latín infernum, sustituyó al gehenna, pero no así las imágenes de terror.

"Haya sal entre nosotros" (9.50) es un saludo árabe con el que se celebra el don de la amistad. La sal ha sido tan valiosa que por siglos fue usada como moneda, de ahí nuestro actual término para salario. En tiempos bíblicos era indispensable para los sacrificios (Lv 2.13). En aquella geografía este sazonador por excelencia corría el peligro de deshacerse por la humedad y el calor reinantes, de manera que se le botaba a la calle para ser pisoteada por los transeúntes.

La sal hacía las veces del refrigerador al alargar la vida de algunos comestibles (Nm 19.19) a través de la salazón. La sal también es un reactivo. Se conoce como "la muerte lenta" pues consumida en demasía incrementa la presión sanguínea causando males cardíacos. Es un elemento reactivo tanto química como socialmente. La guerra de la sal organizada por Gandhi condujo a la India a sacudirse de la bota inglesa. Este mineral entre algunos hispanos es símbolo de la calamidad: la salación o echar la sal no es algo deseable.

También el grano tenía propiedades curativas, por eso Jesús quiere romper el círculo vicioso del poder déspota impregnado en sus discípulos. Con la sal sanadora en mano, echa fuera de su comunidad la sed de dominio: "papi abusando a mami, mami maltratando al hijo, el hijo pateando al perro, el perro mordiendo a papi..."

10.1-12 El divorcio en igualdad de condiciones

(Mt 19.1-12; Lc 16.18)

Judea, enseñar al pueblo (10.1). En su ruta final hacia Jerusalén, Jesús dice adiós a su Galilea. Después de retirarse con sus fieles para estudiar y profundizar su fe, regresa a pastorear la grey.

Los fariseos y sus preguntas tramposas (10.2). Los perros guardianes de la religión no descansan. Quieren callar para siempre a ese pueblerino, quizá analfabeto, artesano que siempre sale con una interpretación de la Escritura a favor de los pobres. Jesús rebate la pregunta con una serie de contra preguntas.

¿Qué manda la ley? (10.3). El asunto que ocupa a los fariseos no es la institución del matrimonio sino los motivos legales para el divorcio. Jesús los remite a la *Torá*, asociada desde el inicio con Moisés, la cual autoriza la separación de los cónyuges, empezando con el propio Moisés y el despido de Séfora (Ex 18.2). Para el Nazareno la ley debe subordinarse al ser humano, y no viceversa. La ley mosaica a todas luces violenta los derechos femeninos.

Dos escuelas rabínicas contemporáneas de Jesús, la de Shammay y de Hillel, coincidían en negar el derecho de la mujer al divorcio, pero estaban en pugna en cuanto a las causas legales de Deuteronomio 24.1 para despedir a la esposa. Hillel, el rabí más insensible, aconsejaba repudiarla por los motivos más absurdos como el de no darle al clavo en sus guisos. Jesús no cae en la trampa de enfangarse en discusiones legalistas erróneas de entrada.

Lo que Dios une que no lo separe la ley (10.9). Por lo tanto Jesús se remite al periodo temprano de la historia del género humano en donde la mujer contaba (Gn 2.24). De ahí se agarra Jesús para predicar la indisolubilidad de la pareja. Pero ojo con entender al matrimonio como un fatalismo en donde ya no hay salida. No; lo que Jesús está haciendo es democratizar los derechos en una situación donde la ley injusta premiaba al esposo absolutamente, dejando a la intemperie a la divorciada.

Versión revisada y ampliada del adulterio (10.11-12)

Jesús no está penalizando la bigamia o las segundas o sucesivas nupcias. Está poniendo igualdad de condiciones jurídicas ante la mujer y el hombre. Que la mujer repudiara a su esposo era posible en la sociedad romana pero impensable en la judía (Lv 2.10). Que el judío cometiera adulterio contra otro hombre casado era legítimo, pero que lo hiciera contra su propia esposa era risible. Puesto que el varón era el portador del honor, le rendía cuentas sólo a otro varón. Por eso el acostarse con prostitutas o cualquier mujer que no tuviera nexos matrimoniales era aceptado social y jurídicamente. Los discípulos de Jesús se asustaron tanto según la narración de Mateo 19.10 que terminaron abortando la institución del matrimonio: si así están las cosas, lo más conveniente es no casarse.

El asunto del divorcio y el matrimonio tiene que ver con el pecado original del patriarcalismo o la tiranía del Adán sobre Eva. El mismo decálogo peca en catalogar a la mujer como un objeto, como una propiedad inventariada junto con la casa, el esclavo, el buey, el asno o cualquier otra cosa (Ex 20.17). No es "machismo", porque éste se presta a malos entendidos, sugiriendo que la supremacía masculina se da exclusivamente entre los hispanos. Es el pecado del patriarcalismo que sigue vivito y coleteando en una sociedad que sigue prefiriendo al hombre en detrimento de la mujer. El prototipo del patriarcalismo, el soldado, dirá que el pecado imperdonable será el llegar tarde a cualquier cita.

La Iglesia Católica Romana excomulga a las personas divorciadas, rechaza las sucesivas nupcias, a no ser que se trate de ricos como el cantante Mark Anthony, cuyos donativos cubren multitud de pecados. La entrega de las arras y otros símbolos nupciales todavía están impregnados de esta idea de recibir a la mujer como a una mercancía. Aún guardan relación con el sistema de deudas del pueblo judío que traspasa una dote de un clan a otro. El divorcio y la poligamia son asunto de poder económico. Lutero, el gran reformador, se hizo el disimulado ante la bigamia de su protector. Revisar los votos matrimoniales a la luz del Evangelio liberador de Jesús es una tarea impostergable para una pastoral liberadora.

10.13-16 La vacuna contra la muerte prematura

(Mt 19.13-15; Lc 18.15-17)

Tocar a los niños (10.13). Los niños vivían al cobijo de las mujeres hasta alcanzar la edad de la pubertad. Ellos también son enumerados como propiedad del padre. Las mujeres quieren una especie de vacuna por parte del enfermero Jesús, pues saben que sólo el 40% de su prole alcanzará la edad de los 16 años. Las mujeres combaten el mal de ojo, es decir, la envidia de que son objeto los pequeños, los mismos que representan su sustento durante la vejez.

Los hombres por su parte, consideraban una pérdida de tiempo platicar con los parvulitos. Jesús aquí evoca su infancia y la presencia grata de María. Los discípulos son un caso perdido. Ya en las proximidades con Jerusalén siguen con sus envidias y consideran indigno de su Maestro ocuparse de asuntos insulsos como es el de este puñado de "guagüitas", "sipotes", "patojas", "chigüines", "huerquillos", "chilpayatitos" o "mocositos". Todavía no caen en la cuenta que en el Reino de Dios van primero, no tanto en función de su inocencia sino simplemente porque sufren injustamente. Jesús no puede más y explota, se enfogona, se impacienta.

Un Cielo con niños (10.14). Jesús levanta el estigma social que pesa contra la niñez. Abre las puertas para que entren a la sociedad con todas las de la ley. Agustín de Hipona en cambio, en el siglo IV cerró el Cielo para los niños por considerarlos incompletos y sólo admitió a adultos mayores de 30 años.

Tocar, levantar, imponer las manos y bendecir (10.16). Historiadores como John Dominic Crossan ven en estos cuatro verbos el acto de perdonar o condenar a muerte al recién nacido. Cuando le llevaban al nuevo bebé de la familia al padre romano, éste decidía su suerte: o arrojar la criatura a la calle o darle la bienvenida con su lenguaje corporal de tocar, abrazar, imponer las manos y bendecir al nene. Ese mismo padre romano les asignaba número a las hijas y nombre a los dos primeros hijos. Los desechados terminaban sus días como gladiadores, mendigos, prostitutas, esclavos, mascotas o comediantes. La ley judía exigía que los padres alimentaran a sus hijos solamente hasta los seis años.

En la Edad Media se dio mal uso a este texto, al reclutar a todo un ejército infantil y mandarlo a la muerte en una Cruzada, no para rescatar los lugares santos que estaban en manos de los infieles, sino más bien para llevar a Europa especias y frutas tan apreciadas como limones, naranjas, dátiles, duraznos, trigo sarraceno, artemisa o dragoncillo, etc.

La interpretación protestante de este pasaje le sacó la vuelta a tomar partido por la niñez y sus derechos. En lugar de ello se usó para avalar el bautismo de infantes, empezando desde Calvino. El perdón de los pecados vino dado en términos enteramente espirituales sin nada que ver con el respeto a la dignidad infantil.

¿Qué decir de la niñez del siglo XXI? ¿Qué del comercio de órganos, turismo sexual, esclavitud infantil, de los *meninos da rua* o niños de las calles brasileñas que son objeto del tiro al blanco? El clero prefiere desviar la atención hacia otros asuntos, pues la pederastia o abuso infantil es moneda corriente entre las Iglesias.

10.17-31 El poseso de sus posesiones

(Mt 19.16-30; Lc 18.18-30)
Arrodillándose (10.17). Aunque el rico es miembro de la aristocracia, condesciende ante Jesús al postrarse ante él. Maestro bueno (10.17). Lo que está detrás de este halago en esa sociedad basada en los valores honor-vergüenza, es la provocación a Jesús para que sobresalga de entre su gente y asuma una relación de iguales con el rico. Jesús rechaza el cumplido con una contra-pregunta, ¿por qué me llamas bueno? (10.18).

¿Qué haré para heredar la vida eterna? (10.17). Estamos ante una pregunta existencial, honrada, pero egoísta, la cual no busca una solución para su vida actual regalada, sino que quiere renegociar su hipoteca de ultratumba. No persigue el bien común sino su situación muy personal.

No defraudes (10.19). Jesús se concentra en la segunda parte del decálogo, la cual tiene que ver con nuestras obligaciones sociales; y va aún más lejos, pues cambia el mandato de "no codicies" por "no defraudes". He guardado todos los mandamientos desde mi juventud (10.20). Pero, ¿cómo da razón de la existencia de la fortuna que heredó? ¿Quiénes despojaron a quiénes con tal de amasar dicha riqueza? ¿Cómo conciliar la idea del rico bueno con su participación en el sistema perverso que mantiene la desigualdad estructural? ¿Tiene algo de cierto la frase de Karl Marx "Acumular, acumular, acumular: ¡Esta es la ley y los profetas!"?

Vende todo lo que tienes y dáselo a los pobres (10.21). Jesús es radical. Va más allá de los actos caritativos (Sal 112.9). "Todo" significa lo más querido: sus tierras. Pero no es suficiente: "ven y sígueme" (10.21) implica subordinar igualmente su familia en una sociedad donde uno no existe fuera de ese círculo íntimo. La cruz no es un tema para discutir desde la seguridad del dinero; es una actitud ante la vida signada por el compromiso cariñoso de desvivirse por los pobres.

Tenía muchas posesiones (10.22). En aquellos tiempos la riqueza se medía con la posesión de tierras y éstas se adquirían principalmente debido al sistema de endeudamiento que despojaba al pequeño terrateniente a través del fraude.

Entrar un camello por el ojo de una aguja (10.25). Esta exageración propia de los pueblos semitas nos provoca risa. Jesús era un ducho en hacer chistes con chiste. Practicaba un humor liberador. Su carácter jocoso le daba aliento para seguir promoviendo el jubileo gozoso de la reforma agraria. Sus chistes no eran del guaraguao o del buitre que hacen fiesta con el dolor ajeno. Las gracias de Jesús retrataban la cruda realidad de manera tal que no desembocara en el cinismo o en el sentimiento de la impotencia. La versión de Mateo (19.21): "Si quieres ser perfecto", dio pie para quitarle el aguijón al relato, al expandir el ojo de la aguja. Se pierde en la noche de los tiempos el momento en que la Iglesia cristiana estableció dos clases de creyentes: los de primera categoría, que siguen los consejos de perfección, y los creyentes de segunda. En el primer plano están principalmente el clero y en el último el laicado o el pueblo ordinario. En la Edad Media se racionalizó este versículo que asustaba a los mecenas y se inventó el cuento de que en Jerusalén existía una puertecita por donde efectivamente, los camellos podían pasar, siempre y cuando lo hicieran en una actitud piadosa, de rodillas. Jesús en cambio nos habla con un humor serio: los ricos no entrarán al Reino de Dios porque ahí se vive una economía comunitaria.

¿Quién podrá salvarse? (10.26). Esta pregunta retórica ha de entenderse desde la lógica de ese tiempo, donde las riquezas eran señal tangible de la bendición y aprobación divinas. Los discípulos daban por sentado que las personas adineradas gozaban del favor de Dios, pero Jesús desenmascara esa ilusión.

Para Dios todo es posible (10.27). En lugar de ser un cheque en blanco que las clases pudientes canjean con buenos dividendos, Jesús apunta hacia la conversión de los ricos al despojarse de lo que no les pertenece. Según el testimonio de Pablo (2 Co 8.9) Jesús ya había vivido esa conversión con antelación a este episodio. El teólogo mexicano Porfirio Miranda y el alemán Dietrich Bonhoeffer nacieron en cunas de oro pero ambos hicieron su opción por las clases bajas.

En este tiempo recibirá su recompensa (10.30)

Jesús no glorifica la pobreza. Ésta debe ser erradicada a través de una sociedad donde reine el compartir y no el acaparamiento, aunque sea con persecuciones (10.30). El Maestro no pierde de vista el horizonte del sufrimiento ocasionado por los poderosos de Jerusalén y Roma. Jesús tiene un pie en la nueva sociedad solidaria y el otro en el mundo injusto que persigue a quienes no se someten a sus leyes del mercado.

Patas arriba (10.31). Los primeros serán los últimos y viceversa (Hch 17.5-9), o el tornar el mundo patas arriba no significa que ahora la gente oprimida les pagará con la misma moneda a sus patrones. Jesús tiene en mente el año jubilar (Is 61; Lc 4.16-21) en donde habrá suficiente pan para todo mundo pues los ricos habrán devuelto a los pobres lo que les pertenece. Más que una inversión de papeles es una nueva relación entre iguales. Las mujeres, la niñez, las personas enfermas, las lisiadas, las castradas, las personas de otros países, en fin todos los que eran recipientes de la vergüenza, ahora serán honorables.

La historia de este rico ha sido fuente de todo tipo de alegorizaciones. Desde los discípulos que se resistían a dejar ir a este pez gordo, pasando por el Venerable Beda que hizo la distinción entre poseer dinero y amar el dinero, hasta nuestros días en que se sigue predicando acerca del millonario dadivoso. No. De acuerdo con el espíritu de la institución del jubileo judío, hay ricos porque hay pobres.

Para muchos cristianos Jesús no sabía tratar con hombres de negocios; no era bueno para levantar fondos; era muy áspero. México tiene a uno de los cuatro hombres más ricos del orbe, Carlos Slim, conviviendo con 30 millones de miserables y otra cantidad igual de pobres. Pero grupos como el *Opus Dei*, la teología de la prosperidad y las ricas mega-iglesias lo celebran en lugar de denunciarlo. Con Ronald Reagan se fomentó abiertamente la economía del goteo, la cual consiste en creer que mientras más ricos haya, más beneficios gotearán de sus fortunas para aliviar los males sociales. Esta quema de incienso a los ricos, este desbocado dios Mamón del dinero, hace más pertinente el llamado a tomar la cruz de Jesús y dejar atrás el triunfalismo barato.

10.32-34 Tercer anuncio de su muerte

(Mt 20.17-19; Lc 18.31-34)

Jesús sigue a paso firme hacia Jerusalén, la ciudad de los ricos terratenientes, de los ricos sacerdotes, de los ricos "servidores públicos".

Los discípulos temen porque su fe se tambalea. Su fe es raquítica porque ponen su confianza en las armas que matan y sólo uno de ellos porta una daga. Ya están a punto de graduarse del seminario subterráneo y todavía no pasan los exámenes. La reflexión unida a la acción es lenta pero segura. Por lo pronto todavía se debaten entre una entrada imperial a la gran ciudad en donde serán honrados con altos cargos y las advertencias de Jesús de encarar la muerte vergonzosa y bestial de la cruz. De entre el grupo las discípulas se mostrarán más adelantadas, a pesar de que Marcos ni las mencione.

Jesús aprieta el paso, se adelanta tanto física como espiritualmente. Los discípulos tienen ideas encontradas. El olfato político de Jesús es envidiable. En una cascada de verbos sintetiza la manera en que las autoridades religiosas y políticas lo desnudarán de su honor en público. La saña de sus enemigos es insaciable. A través de la liturgia de los poderosos, paso a paso lo coronarán de vergüenza.

La buena noticia, sin embargo, estriba en que Jesús avizora el triunfo de su causa justa a favor de las personas sin derechos con su gloriosa Resurrección. Jesús es el aguafiestas de los enemigos del pueblo, de los Herodes que matan y de los Caifás, sus capellanes.

10.35-45 De la expiación al seguimiento solidario; Santiago y Juan

(Mt 20.20-28)

Petición de Jacobo y Juan (10.35). Los dos no pierden el tiempo. Ya se aproximan a la Ciudad de David y quieren asegurarse un sitio privilegiado en la capital. Así habían interpretado la promesa de los doce tronos hecha por su Maestro y de la cual tomaron nota Mateo (19.28) y Lucas (22.30).

Izquierda y derecha (10.37). De acuerdo con el arreglo de las sillas el lugar del supremo honor es el que queda a la derecha del que preside la mesa, siguiendo en rango el de la izquierda (Sal 110.1). Los hijos de Zebedeo no pueden sacarse de la mente la idea del Mesías monarca de los judíos.

Beber la copa (10.38). Nos remite al cáliz de ira (Jer 25.15-29; Is 51.17). La copa es símbolo de la gratuidad de la vida, del jolgorio y el solaz; pero aquí significa juicio y muerte. La respuesta sin vacilaciones de Santiago y Juan nos permite ver que tenían en mente la copa del banquete de instalación de Jesús como rey.

Bautismo (10.38). Jesús hace referencia al martirio. Los dos discípulos dicen sí al sufrimiento, tal vez porque lo veían como algo remoto que nunca llegaría. Jacobo correrá la misma suerte (Hch 12.2). De nuevo, su respuesta tan arrebatada es un indicador de que estaban pensando en la coronación del Mesías de Israel.

Aquellos para quienes está preparado (10.40). Jesús les toma la palabra respecto a su aceptación de la cruz, pero les retiene su petición de compartir la gloria imperial. Jesús los remite a Dios. Nuestros teólogos, sin embargo, han usado esta afirmación para cocinar la doctrina de la predestinación, totalmente desencajada del momento histórico en que Jesús emitiera esta frase: y peor aún, limitándola al club de los selectos.

Enojarse (10.41). El resto del grupo muestra su recelo ante quienes se quieren distanciar de su rango establecido por la sociedad. O quizá porque son ellos mismos los aspirantes a la promoción social.

No para ser servido sino para servir (10.45). Jesús tiene un programa diferente para la ciudad y el campo. El Galileo no admite ningún tipo de supremacía sobre el ser humano, ya sea ésta de índole militar, religiosa, económica, social, cultural, racial, sexual, intelectual, culinaria y las que vengan.

Desvivirse por el rescate de todos (10.45). Rescate, en griego *lutron*, indica la acción de pagar el precio por la libertad de un esclavo, de cautivos de guerra, o de un campesino encarcelado por no poder pagar los impuestos (Cf. 4.25). El ministerio liberador de Jesús rebasa los muros de Jerusalén, todas las murallas divisorias del poder tiránico y todos los diques teológicos que condenan a la desesperanza a quienes no sean de nuestra religión.

En la Edad Media Anselmo de Canterbury (1097) le dio forma a lo que ya se venía cocinando a fuego lento (He 9.11-14), el retorno al sistema sacrificial que combatió Jesús. Con un lenguaje propio del sistema feudal expuso: A) El ser humano ofendió a Dios, B) Sólo un co-igual con Dios puede satisfacer la afrenta, C) Dios ha provisto la cura en Jesucristo, el ser humano-Dios y su muerte en la cruz. Afortunadamente las poblaciones crucificadas se aferran al crucifijo como apoyo físico, que ayuda a devolverle a la cruz de Jesús su carácter glorioso. No como la voluntad de Dios, sino como el resultado del imperio construido con la sangre de los esclavos. No como el sacrificio expiatorio por nuestros pecados, sino como la lucha por erradicar todo sacrificio humano. No evocando un Dios sádico que no perdona ni a su Hijo, sino recuperando la idea del Dios que sí perdona, que sí regatea con sus criaturas, que sí se arrepiente.

10.46-52 La confesión de Bartimeo

(Mt 20.29-34; Lc 18.35-43)

En las afueras de Jericó, junto al camino, mendigando (10.46). La fórmula antigua enfermedad-igual-a-pecado no fallaba. Lo que correspondía entonces era excomunicar a la persona arrojándola fuera de la muralla de la ciudad. Allí, junto al camino, le tirarían algo que comer, no para compadecerse de ella, sino para la ejercitación espiritual del donante.

Jericó, la ciudad de las palmeras, situada en el valle del Jordán a unos 25 kilómetros de Jerusalén, poseía tierras muy fértiles para la agricultura. Era la ciudad judía más antigua y linajuda. Sede del ostentoso palacio de invierno de Herodes, de las viviendas de los levitas y sacerdotes, de los cuarteles de los procuradores romanos, de un hipódromo, de baños romanos, teatro y otros centros de diversión. Fuera de sus murallas, en cambio, yace un ciego en medio de un mar de deshechos humanos, muertos en vida que sobreviven o malviven.

Ten misericordia de mí (10.47). La expresión se usaba para el rescate de alguien debido a las deudas. El ciego le pide a Jesús que lo redima en tanto que él se le somete al tributarle pleitesía como a un miembro de la realeza.

Jesús, Hijo de David (10.47-48). Bartimeo no es seminarista de la escuela de Jesús, por lo mismo el Nazareno no lo reprueba por esa doble confesión errónea. Bartimeo lo comprenderá ya pronto, en una de las últimas enseñanzas del Maestro (12.35-37). Por lo pronto nos muerde la duda: ¿es posible confesar la realeza de Jesús permaneciendo a la vera del camino?

¿Qué quieres que te haga? (10.51). El hospitalario Jesús lo recibe, lo trata con respeto, no le vive su vida. En lugar de ello espera hasta que Bartimeo tome la iniciativa. Que recobre la vista (10.51). No nació ciego, de manera que ya probó la bendición de los ojos. Tu fe te ha salvado (10.52). Jesús le da el crédito a su paciente por abrirse paso a codazo limpio entre el gentío.

Y seguía a Jesús (10.52). ¿Tiene Marcos el interés de mostrar algo más profundo que la sanación de un ciego? ¿Guarda alguna relación con el secreto mesiánico de la identidad de Jesús, o más bien con el discipulado arriesgado? ¿No es verdad que en medio de sus tinieblas Bartimeo confiesa a Jesús como el Mesías militar, pero ahora desde la claridad opta por seguir al Jesús hermanado con las personas de abajo? Cualquier similitud con sus discípulos de ayer y de hoy no son meras coincidencias.

Quienes como Bartimeo viven en los bordes de las ciudades no dan la vida por sentado. La enfrentan con más intensidad en todos los aspectos: culinario, social, sexual, musical, espiritual... Quienes hemos vivido dentro de las puertas de la ciudad no problematizamos el mero hecho de la ceguera. ¿Hay alguna correspondencia entre pobreza y la pérdida de la visión? ¿No es verdad que en el siglo XXI cada año siete millones, especialmente niños, caen en la ceguera debido a la falta de vitamina A? ¿Qué podemos concluir acerca de los 146 millones de Bartimeos que habitan el Tercer Mundo, cuando el 80% de ellos pudieron evitar dicho mal con una buena dieta? ¿Esas cifras le espantan el sueño a los de la Bolsa de Materias Primas Agrícolas de Chicago, que controla los precios de los granos del mundo?

Entrada, ministerio profético, captura y muerte en Jerusalén 11-15

Capítulo 4

11.1-11 Domingo de Palmas

(Mt 21.1-11; Lc 19.28-40; Jn 12.12-19)

Es digno de destacar que Marcos dedica un tercio de su evangelio al cierre del ministerio de Jesús en la capital judía. Por lo pronto los tres siguientes capítulos bregan con la celebración de la Pascua, o la conmemoración de la liberación de la esclavitud del Imperio Egipcio.

Jesús sabe que sus días están contados. También se da cuenta que el pueblo y su círculo más íntimo no quieren entender la naturaleza del reino por el que se desvive. Está a una semana de la fiesta nacional más socorrida de todas y aprovecha para dejar en claro, de una vez por todas, que su Reino es escandalosamente diferente a los reinos tiránicos de este mundo. Con las acciones que realizará en la ciudad señorial, específicamente en el templo, pintará su raya, aunque sea con su propia sangre.

Envió a dos de sus discípulos (11.1). Como Moisés envió dos espías a explorar la Tierra Prometida (Jos 2.1), Jesús envía a dos discípulos, no para conquistar la ciudad con la espada, sino con el amor solidario del seguimiento costoso. En esta empresa se está jugando el todo por el todo.

Jerusalén (11.1). La ciudad de unos 30,000 habitantes, ahora atestada con unos 100,000 peregrinos para la celebración de la Pascua.

Pollino que nadie ha montado (11.2). Gracias a Mateo 21.2 sabemos que se trata de un "pichón" de burro y no de caballo. En cualquier caso es un animal digno del rey (1 Re 1.33-48) y del Mesías (Zac 9.9), pero de un Mesías que dice no a la guerra.

En el siglo XVI, cuando el burro pisó suelo americano trajo consigo la liberación del indígena como bestia de carga. Fuera de la llama andina, no tan resistente, el animal recién llegado fue una verdadera bendición por su capacidad de aguante. No obstante esta bondad del borrico, el mencionado en el evangelio ha sido objeto de alegorizaciones a lo largo de un cristianismo acomodaticio. Que nadie ha montado significa que tiene un valor cultual, es un animal santo o separado para este propósito litúrgico (Nm 19.2). En el otro extremo encontramos al burrito nuevo usado como excusa para "estrenar y abusar la creación", para manejar un coche del año, para promover el jaripeo o rodeo, etc., dejando de lado la enseñanza de fondo de negar el cristianismo triunfalista y dar la bienvenida a una vida de entrega a las causas de las personas más olvidadas.

El Señor lo necesita (11.3). Jesús ni improvisa ni pospone sus responsabilidades sino que es un gran previsor. Con antelación hace arreglos para su última estancia en la gran capital y para ello se vale de un lenguaje cifrado. No podía ser de otro modo pues sus días ya estaban contados, no tanto por los decretos eternos de Dios sino por las autoridades político-religiosas.

Muchos tendían sus mantos y ramas de árboles (11.8). Evoca una clara fiesta en torno a la procesión real (2 Re 9.13), el equivalente actual de la alfombra roja. Este "muchos" indica que la multitud no era jerosolimitana. No era de casa, sino que se unieron al Nazareno en su larga travesía. Técnicamente no es una bienvenida pues el gentío no pertenece a quienes podían darse el lujo de vivir dentro de esas murallas.

Hosanna (11.9). Esta palabra aramea alude al grito del pueblo por su liberación política: hosanna, sálvanos hoy, libértanos ya (Sal 118.25-26). Después de la Resurrección el "hosanna" se convirtió en una profesión de fe en Jesucristo. La escena de un maestro montado sobre un animal y sus discípulos siguiéndolo a pie era muy común en Palestina. No es una entrada triunfal a la manera del Emperador Alejandro el Magno o cualquier otro; es en vez de ello la entrada del Mesías sufriente y solidario con los pobres.

Bendito el que viene en el nombre del Señor (11.9). Se identifica en la liturgia cristiana como el Santo. Tan temprano como en los siglos IV o V los fieles empezaron a persignarse, o a hacer la señal de la cruz.

Bendito el reino de nuestro padre David (11.10). La teología judía afirmaba que el Mesías reinaría mil años sobre las naciones como preámbulo para la consumación final del Reino de Dios. Pobre Jesús, tanto se ha esmerado en negar y prohibir que se le asocie con ese Mesías Militar vengador de los judíos, y es lo primero que la multitud hace. Le asigna un título de político patriotero incompatible con su mesianismo basado en la justicia para toda raza, pueblo y lengua.

Entró al templo... después de observarlo (11.11). Como no queriendo o como dicen en el Caribe, con la guardia monga, Jesús inspeccionó el templo por pura precaución. Jerusalén, considerada el centro de Israel, tenía el templo como su corazón. No sólo la vida religiosa sino también la política y económica giraban en torno al templo.

Era imposible evitar el templo. Ir a Jerusalén equivalía a ir al templo, pues eran intercambiables. De manera análoga, hace poco en Puerto Rico cuando alguien decía "voy a Atlanta", se sobreentendía que iba a la prisión federal.

Se fue a Betania con los doce (11.11). Jesús, agudo observador de la realidad, olía lo que se transpiraba en Jerusalén. Ese no era un sitio seguro para pernoctar. Él tenía sus redes sociales protectoras que velaban por su bien y que violaban las leyes inmorales del Sanedrín. Su refugio de Betania apoyaba la clandestinidad de su huésped. El grupo caminó unos tres kilómetros al sureste de la capital. Ahí podrían dormir a pierna suelta.

11.12-14 Lunes de Autoridad; la higuera-Templo, estéril

(Mt 21.18-19)

Tuvo hambre (11.12). La historia evoca el episodio de David cuando picado por el hambre entra al templo y come de los panes de la proposición (1 S 21.6). Jesús en cambio no encontrará nada que sacie su hambre, pues los precios son exorbitantes.

En este punto conviene traer a cuento al literato cubano Onelio Cardozo y la distinción que hace entre dos tipos de hambre: la del pan y la de la belleza. La primera es saciable y la otra es infinita. Una poesía nicaragüense aborda el mismo tópico con gran elocuencia: "Dios, a los que tienen hambre dales pan, y a los que tienen pan, dales hambre por la justicia".

Jesús se interesó en las dos clases de hambre, pues son inseparables. En este caso, todavía lejos del templo, nos deja ver su hambre por la belleza, por la dignidad y los frutos de justicia que supuestamente son administradas desde el templo.

Pues no era tiempo de higos (11.13). Jesús sabía leer a la perfección los signos de los tiempos y de los lugares. ¿Cómo es entonces que esperaba saciar su hambre con higos cuando todavía faltaban de dos a tres meses para la cosecha? Marcos contesta nuestra duda. También quienes escuchaban su Evangelio hace dos milenios entendían su significado. La higuera era el símbolo patrio (Os 9.10; Miq 7.1), como el *pau brasil*, el árbol de brazas, es el árbol nacional de Brasil. La higuera es el apoyo físico que apunta hacia el pueblo de Israel; el ombligo de éste es Jerusalén; y su corazón, el templo. Estamos, pues, ante una parábola que relaciona a la higuera fructífera con la bendición de Dios (Nm 20.5) y a la higuera estéril con la desaprobación divina (Jer 8.13). Jesús dirige su juicio contra la cúpula de Jerusalén que está llena de hojas pero sin ningún fruto de justicia para el pueblo hambriento y oprimido.

Jesús dijo a la higuera (11.14). En el mundo mediterráneo era natural dirigirles la palabra a los árboles y a las plantas. Nuestras expresiones como "toco madera" todavía nos remiten a esa comunión con el reino de lo verde. Jesús y sus palabras hacia la higuera encuentran eco en las raíces africanas, árabes e indígenas de nuestro pueblo hispano. Hoy sabemos que las plantas tienen predilecciones musicales y que las danzas y cantos para las buenas cosechas son efectivos. La poesía anónima dice lo mismo de manera bella: "El Espíritu duerme en la roca, sueña en la flor, despierta en el animal y sabe que está despierto en el ser humano".

¡Nunca jamás coma nadie fruto de ti! (11.14). Jesús no tiene nada en contra del árbol como tal; dirige su maldición contra la esterilidad del templo. Por supuesto que lo hizo para que quienes lo seguían ayer, quienes lo seguimos hoy y quienes den testimonio del Nazareno mañana lo oigamos (11.14).

11.15-19 El derrumbe del templo y del chivo expiatorio

(Mt 21.12-17; Lc 19.45-48; Jn 2.13-22)

Entró en el templo (11.15). Es el momento preciso que Jesús ha estado tramando. En una acción suicida el Galileo establece a todas luces cuál es el camino que Él predica, cuál es el estilo de vida propio del Reino de Dios, qué tipo de Mesías Él representa.

Ante el espectáculo que observaba, Jesús evocaba los sufrimientos de su pueblo campesino: Cómo tenían que guardar la quinta parte de la semilla para la próxima siembra debido a la aridez de la tierra. Cómo los impuestos del templo y de Roma oscilaban entre el 25% y el 40%. Cómo tenían que hacer dos tributos al templo; uno tenían que enviarlo en especie y el otro tenían que gastarlo durante su peregrinación a la ciudad. Cómo, según los fariscos, no era suficiente con gravar más del 20% del vino, aceite, sal, aves, ganado, grano, menta, comino (Lev 27.30-33), sino que lograron extender el impuesto sobre todo comestible y bebestible a fin de velar por la pureza de todo alimento. Cómo la lealtad del campesinado pobre estaba dividida entre enviar el impuesto para el templo y alimentar a sus padres envejecidos (7.1-16). Cómo en algunas ocasiones el precio de una paloma alcanzaba la estratosférica suma de 50 salarios mínimos de un labrador. Cómo el precio del trigo se disparaba al doble con cada 500 kilómetros de transporte.

Cambistas y vendedores de palomas (11.15). Jesús está en el patio de los gentiles, observando cómo manejan los negocios del templo-banco-rastro, pues el templo hacía las veces de corte de justicia, lugar de las transacciones económicas, carnicería y sitio para el culto a Dios. Era muy complicado el proceso del cambio de moneda judía a la de Tiro, con la imagen acuñada del Dios Melkart, pues era la que el Imperio aceptaba. Empezaban por identificar el rango social del ofrendante, después había que determinar qué tipo de sacrificio le correspondía y por último procedían a borrar la deuda de su expediente. Los burócratas del templo administraban tierras, controlaban los primeros frutos y los diezmos de la comida y vaciaban toda esa información en los archivos de la población judía. No ha de extrañarnos entonces que cuando las pandillas asaltaban el templo lo primero que hacían era darles candela a los archivos de las deudas del pueblo. Desafortunadamente los administradores del templo se las arreglaban para tener copias de los archivos en algún otro lugar.

El templo era la industria más importante de Palestina, pues aún estaba bajo construcción. Herodes el Grande inició los trabajos junto con un sinfín de edificios ostentosos. Lo hizo con el propósito de afirmar, por un lado, su poder con el brillo del lujo y, por otro lado, la legitimación religiosa ante su origen idumeo y su política entreguista y dócil para con Roma.

El templo tenía en su nómina, sólo por concepto de la construcción, a unos 18,000 trabajadores. El clero, entre sacerdotes y levitas, sumaba unos 15,000. Los sacerdotes que oficiaban simultáneamente eran unos 2,000. Los impuestos anuales para el templo ascendían a por lo menos 15,000,000 en salarios mínimos de un jornalero.

La arquitectura indicaba la segregación y el rango de sus congregantes. Contaba con cuatro patios en una especie de círculos concéntricos: el de los sacerdotes, el de los israelitas, el de las israelitas y el de los no judíos. Rodeado por el atrio sacerdotal estaba el lugar santísimo, al cual únicamente podía entrar el Sumo Sacerdote, una sola vez al año, el Día de la Expiación. La arrogancia del Imperio golpeaba a los judíos donde más les dolía: los romanos custodiaban el atavío especialmente diseñado para cuando el Sumo Sacerdote entraba al Santo de los Santos que albergaba las Tablas de la Ley y el Arca del Pacto. El Santísimo no era tan santísimo; Roma sí lo era.

No consentía que nadie pasara (11.16). Jesús inicia un piquete, huelga, o boicot contra ese desorden de cosas y literalmente paraliza el movimiento financiero.

Casa de oración (11.17). Jesús cita una parte del sermón predicado por Jeremías (7.6-7), el cual tuvo lugar en el atrio del templo de sus días: Yo habitaré en el templo "si no oprimes al extranjero, al huérfano y a la viuda, ni en este lugar derramas la sangre inocente...". Puesto que eso que denunciaba el profeta era exactamente lo que estaba pasando, Jeremías los conmina a retornar a la función original del templo: "¿Es cueva de ladrones delante de vuestros ojos esta casa?" (Jer 7.11).

Casa de oración, pero no de la oración domesticadora que exige obediencia ciega; ni de la oración del carbonero que promueve la ignorancia y el fanatismo. Es la oración liberadora del Padre Nuestro "danos hoy nuestro pan cotidiano" en un tiempo en el que los ricos sin escrúpulos atacaban las cosechas de los pobres sembrando cizaña (Mt 13.24-30) para mantener el monopolio. Señala hacia la oración esperanzadora del "perdónanos nuestras deudas" en una sociedad donde los pequeños terratenientes fácilmente se iban a la bancarrota debido al mal clima, a la enfermedad, a los préstamos cuyos intereses giraban en torno al 60% pero podían dispararse hasta el 200%.

Para todas las naciones (11.17). Jesús se entronca nuevamente con Isaías 56.7 y su predicación sobre la gracia universal, la cual incluye también a los eunucos (Is 56.4: véase Mc 9.43). Eso chocaba con el reformista Esdras el cual, a la vez que reconstruía el templo de Jerusalén, también despedía a las cónyuges extranjeras en el divorcio masivo que llevó a cabo (Esd 10). De igual forma contrastaba con la política sectaria de Nehemías, quien al reconstruir el templo también incluyó las murallas de Jerusalén con el fin de mantener fuera a los no judíos (Neh 2.17).

Tenía que ser el libro del Apocalipsis, que a duras penas ocupa el último sitio del Nuevo Testamento, el que mencione que en el Cielo no habrá templo alguno (Ap 21.22). En su lugar habrá una inmensa multitud de gente de toda raza, tribu, nación y lengua (Ap 7.9) participando del banquete, pues nadie pasará hambre nunca más (Ap 7.16). El Reino que Jesús ya inauguró (1.15) es el del acceso a la tierra para cultivarla (Sal 37.11); el de la comida gourmet y vino añejo para todo el mundo (Is 25.6-10); ¡el del vegetarianismo del reino animal! (Is 11.7).

Cueva de ladrones (11.17). Tanto el templo de Salomón como el de Herodes el Grande no fueron construidos para la gloria de Dios sino para oprimir al extranjero, a la viuda y al huérfano. La segunda tentación de Jesús en el pináculo del templo (Lc 4.5-6) muestra claramente el contubernio que se da entre el templo y el banco.

Los escribas y los principales sacerdotes buscaban cómo matarlo (11.18). Los responsables del templo quieren matar a Jesús porque éste ya ha matado el sistema sacrificial del templo. A partir de Jesús nuestros cuerpos son el templo del Espíritu Santo (1 Co 6.19-20); la cortina divisoria entre el Santísimo y los paganos ha sido rasgada en su totalidad (15.38); ya no harán falta chivos expiatorios. Jesús mismo ha abolido esa práctica. Además de todo ello, Jesús exhorta a sus fieles a seguir su ejemplo: cortar de raíz el sufrimiento innecesario de su pueblo aun al precio de nuestra propia muerte (Rom 12.1).

11.20-26 Martes de Controversia; la higuera-templo seca

(Mt 21.19-22)

La higuera se secó (11.20). La higuera-templo tiene mucho follaje pero nada de fruto. Debiera proporcionar vida y lo que hace es causar la muerte de la población pobre. El templo puede pero no quiere mitigar el hambre de la viuda, dejándola morir (12.41-44).

Arrojar el monte al mar (11.23). Es más cómodo interpretar este verso como una invitación a la vida de oración y a fortalecer nuestra fe, a pesar de que la ilustración de Jesús desemboca en el uso caprichoso del poder. Lo opuesto es lo cierto. Quienes escuchaban al Galileo entendían que "monte" significaba el templo, al que llamaban la "casa de la montaña". De la misma manera entendían que el mar es el Imperio, donde Roma también ejerce su señorío despótico. Jesús alude así a la destrucción del templo en manos del ejército invasor.

Orar es perdonar y ser perdonado (11.25). El Reino de Dios que propone Jesús es la sociedad donde lo que impera es el per-*don*, es decir, la donación, en contraposición con el llevar la cuenta exactísima de las deudas. Jesús denuncia a los líderes religiosos que tras el velo de sus oraciones largas esconden sus móviles de apropiarse de los bienes materiales de las viudas (12.40). Perdonar es restituir al prójimo a la vida plena: "vengan en pos de mi y yo los restauraré" (Mt 11.28) (de donde viene "restaurante").

11.27-33 La autoridad de Jesús

(Mt 21.23-27; Lc 20.1-8)

¿Con qué autoridad? (11.28). Los principales sacerdotes, escribas y ancianos, o sea, los representantes del Concilio de los Setenta, le exigen a Jesús una explicación por la profanación del templo. Le requieren que muestre sus credenciales. Saben que su rango no proviene de su cuna (Jn 8.41); indagan para conocer si su autoridad se deriva de algún protector como se estilaba en esa cultura; pero erran al no ver que tanto Juan el Bautista como Jesús han adquirido su honorabilidad del pueblo mismo.

Si Jesús contesta que su autoridad proviene de Él mismo, ellos que se han erigido en los únicos mediadores entre Dios y la humanidad lo avergonzarán de una vez y para siempre. Si responde que su autoridad se ancla en Dios, lo volverán a catalogar de blasfemo pues fuera del Sanedrín no hay posibilidad de acceso a Dios. Jesús voltea la tortilla y asume el papel del inquisidor.

¿Era el bautismo de Juan del Cielo o de la tierra? (11.30). Jesús no recoge la pregunta trapera; en su lugar les propone la adivinanza concerniente al asesinato de su primo Juan el bautizador. En caso de que contesten que el bautismo de Juan estaba respaldado por la autoridad de lo Alto, estarían reconociendo que la prédica del profeta contra el sistema sacrificial era válido. Además estarían confesando que ellos no son la última autoridad. Eso minaría su credibilidad, y con ella, todo el sistema económico. Al encontrarse arrinconados, optan por tirar la toalla y matar la batalla en torno al honor.

Temían al pueblo (11.32). El Sanedrín, el máximo cuerpo gubernamental de los judíos, pretende ser la última autoridad. Su abolengo, su riqueza, su linaje privilegiado y su honorabilidad corroboran su discurso. Marcos, sin embargo, nos da otra pista. Ellos le temen al pueblo. Jesús en cambio, junto con Juan el Bautista, son honrados por la gente. Ya han adquirido la autoridad tan disputada por los líderes religiosos de Jerusalén.

No sabemos (11.33). También estamos ante un problema del conocimiento. Tienen la respuesta, pero el temor a perder credibilidad puede más y optan por cortar de tajo el interrogatorio. Jesús por su lado sabe que la autoridad del Sanedrín no es absoluta. La libertad de Jesús lo lleva a ratificar su obediencia al Reino de Dios aunque eso implique la desobediencia al reino de Roma. El pueblo sabio desde hace tiempo que admiraba la autoridad de Jesús y rechazaba el autoritarismo de los dirigentes religiosos.

Tampoco yo les digo (11.33). Estas no son meras sutilezas de teólogos. La consigna de las autoridades judías era deshonrar públicamente a Jesús como el Mesías. Con su "no sabemos" resultan humillados por la lucidez de su oponente, quien despliega su autoridad en ese mismo instante. A pesar de ello, con su "no sabemos" dejan sin acreditación el ministerio liberador de Jesús. El Galileo les regresa el oprobio con su desacato "tampoco yo les digo", pero no se queda ahí. Jesús sí da cuenta del origen de su autoridad, pero lo hace a su manera, con la parábola del rechazo de su persona como Mesías.

12.1-12 Los labradores ingenuos y la espiral de la violencia

(Mt 21 33-46; Lc 20.9-19)

Los voceros del Sanedrín se ofenden por la respuesta de Jesús, en forma de parábola, en torno al asunto de la autoridad. Nuestra interpretación apresurada inmediatamente asocia al dueño de la vid con Dios; al hijo que matan con Jesús, a los arrendatarios malvados con los judíos, más específicamente sus líderes de Jerusalén; los mensajeros son los profetas y los otros inquilinos son la Iglesia cristiana.

La espiral de la violencia, conforme la estudia el brasileño Helder Câmara y la aplica a este texto William Herzog II, arroja otros resultados. El dueño del viñedo es el latifundista en contubernio con los líderes religiosos; los inquilinos representan las masas paupérrimas de labradores agrícolas. Las tres etapas de la espiral de la violencia son de este modo la de la opresión ejercida por los ricos terratenientes (12.1-2); la de la respuesta airada del campesinado (12.3-8); y por último, la de la represión echando mano de la fuerza policíaca (12.9).

Un hombre arrendó su viña (12.1). Los latifundistas no están interesados en una agricultura sustentable con miras a aliviar el hambre del pueblo. Invierten en lujos: uvas, higos, dátiles, aceitunas... Este rico de la parábola empieza desde cero, es decir que tiene el capital suficiente para una inversión de mucha monta. Ha ido añadiendo terreno tras terreno debido a los altos intereses que les impuso a los agricultores pobres (Is 5.8). La vid no producía sino tras cinco años. En el entretanto hay que pagar la nómina para mantenerla en buena condición como lo exige.

Y se fue a otro país (12.1). Este es el típico dueño ausente que vive regaladamente en alguna ciudad amurallada del Imperio Romano. gracias al producto de sus rentas.

Envió siervo tras siervo para recoger la cosecha (12.5). Durante el tiempo que tardaba en producir uvas, los campesinos sembraban vegetales entre surco y surco sin ningún problema (Dt 22.9), siempre y cuando le enviaran al patrón un porcentaje de esa cosecha. Si fueron verduras o uvas no lo sabemos. Pero sí podemos imaginar que con sus salarios tan miserables, el campesinado decide hacerse justicia por su propia mano. Muchos labradores perdían a sus familias y su propia libertad debido a la enfermedad, los altísimos intereses, los impuestos tan elevados para el templo-estado, la compra y almacenamiento de una gran cantidad de semilla para la siguiente siembra, el trueque de lo poco cosechado por otros comestibles básicos y por las rentas tan elevadas de la tierra. Los lugareños han visto cómo perdieron sus tierras y esperan en vano el jubileo o la redistribución de la tierra (Lev 25.23).

Finalmente envió a su hijo creyendo que lo respetarían (12.6). El dueño ausente tenía hasta cuatro años para reclamar su propiedad, de manera que tal vez estemos ante esta fecha límite. De ahí que el hijo es la persona legalmente indicada para efectuar dicho trámite. Los rebeldes en su desesperación recurren a la violencia armada con una ingenuidad que espanta. ¿Cómo se atreven a tal osadía de cara a la bota pesada del ejército?

Destruirá a los labradores (12.9). Los que emiten las leyes, los escribas, le dan luz verde al latifundista para masacrar a los alzados campesinos. Con ello sólo consiguen echarle más leña al fuego de la espiral de la violencia.

La piedra desechada es la piedra angular (11.10). Jesús cita el Salmo 118.22 para afirmar su autoridad una vez más: la cúpula religiosa son los edificadores que lo rechazan, pero Él es la piedra angular.

Los altos dirigentes le temían a la multitud (12.12). Los integrantes del Sanedrín se precian de ser los representantes de Dios con su lenguaje piadoso como el del dueño de la viña, pero Jesús los desenmascara por estar al servicio de los ricos abusivos, los cuales no llaman las cosas por su nombre (Is 5.20). Una vez más el Galileo los ha deshonrado públicamente.

Los altos dignatarios le temen a la multitud porque ésta apoya a Jesús, cuyo análisis de la realidad del campo les hace justicia.

En el año 2006 las cien corporaciones más grandes controlan el 75% del comercio mundial. Previendo actitudes levantiscas como las de esta parábola, sólo los Estados Unidos tienen más de 800 bases militares diseminadas por el planeta. La espiral de la violencia sigue en aumento. La presencia profética de la Iglesia cristiana y otras religiones se hace más necesaria para salir de ese callejón sin salida.

12.13-17 Entre Dios y el ídolo

(Mt 22.15-22; Lc 20.20-26)

Fariseos y herodianos (12.13). Como el agua y el vinagre, así son los fariseos y los herodianos —los primeros recelosos de Roma y los otros colaboradores muy cercanos del Imperio—. Jesús, su enemigo común, hace que limen asperezas y se concentren en deshacerse de Él.

No miras la apariencia (12.14). Preparan el ataque con palabras dulzonas y bajo la apariencia de candidez, pero Marcos los descubre: en realidad querían atrapar a Jesús.

¿Es lícito dar tributo a César o no? (12.14). Si Jesús contestaba que sí, entonces traicionaría las ansias de libertad de su pueblo colonizado y se descontaría a sí mismo como el Mesías. Si respondía negativamente, lo que procedía era su arresto por transgredir la ley y por agitar las masas en contra del sistema imperante.

¿De quién es esta imagen y la inscripción? (12.16). De estar arrinconado pasa a acorralarlos a ellos al asumir el papel de interrogador. Jesús pudo cortar de golpe el examen al que lo sometieron al citar la prohibición judía de no tener imágenes (Dt 5.8), pero le encuentra el ángulo liberador a la emboscada.

Dios o el César (12.17). Jesús traza la raya no entre la religión y la política, no entre los dos poderes, no entre los dos reinos, sino entre Dios y el ídolo. El Nazareno repudia la moneda, la cual tenía la imagen del emperador por una cara y por la otra las palabras "Tiberio César, Augusto, hijo del divino Augusto". Ni siquiera la toca, sólo la mira y la devuelve a sus contrincantes. La moneda del Imperio representa la bota invasora, la sangría de su gente, la primacía del oro en detrimento de la gente.

Jesús, el Mesías liberador de los pueblos oprimidos, establece la diferencia entre el Dios de la vida y el ídolo que exige sacrificios humanos a través de impuestos despiadados. Jesús evoca sus años mozos cuando Judas el Galileo se sublevó por razón del censo (año 6-7 d.C.) que Roma llevó a cabo para revisar los impuestos. De los varios tributos que tenían que pagar, el más odiado era el relativo al del uso de su propia tierra. En la mente de Jesús se agolpan los recuerdos de la masacre con la que Roma castigó a la ciudad de Séforis donde tuvo lugar.

Esta no es una pregunta ociosa. Es una que tira a matar. Jesús con su lenguaje en código rechaza al imperio idolátrico edificado sobre un sistema económico que privilegia a un 2% y condena al resto a disputarse entre sí las migajas del pan. Jesús pondera al Dios compasivo cuya economía solidaria habla el lenguaje del perdón de deudas; Dios a través del jubileo pugna por una sociedad más igualitaria en la cual el oro no es para ser adorado sino para ser pisoteado (Ap 21.21). Jesús repudia el denario, es decir, no diviniza al César. No le quema incienso a la inscripción "In God We Trust" (En Dios confiamos).

Temporalmente conserva su honor y su vida, pero también les da a los fariseos y herodianos otro motivo que será usado en su contra para crucificarlo: aconseja no pagar impuestos.

David Thoreau a mediados del siglo XIX también se negó a pagar impuestos a los EE.UU. por financiar con ellos la guerra contra México, cuyo botín fue la mitad del país sureño. La cárcel, la incomprensión y el aislamiento fueron su paga por haber hecho la distinción entre Dios y el ídolo voraz.

12.18-27 La Resurrección y la tenencia de la tierra

(Mt 22.23-33; Lc 20.27-40)

Los saduceos que no creen en la Resurrección (12.18).

El partido judío de los saduceos, que a estas alturas de la narración no había aparecido, también se suma a la empresa de destruir a Jesús. Este grupo, en su mayoría sacerdotes, consistía en la elite rica y poderosa del Sanedrín. Los saduceos representaban al ala más reaccionaria del judaísmo, negaban la existencia de los ángeles, los demonios y la Resurrección. Su poder político y económico los mantenía indiferentes ante el sufrimiento del pueblo.

La mujer y sus siete esposos (12.22). Los aristócratas ociosos, siempre columpiándose en las ideas, se inventaron un caso extremo para ver cómo Jesús respondía, en relación con la ley del levirato (Dt 25.5-10). Esta regulación establecía que, en el caso de que el esposo muriera sin dejar descendencia, su hermano era responsable de casarse con la viuda para garantizar la prolongación de la familia. Esta ley protegía la herencia de la familia, especialmente la tierra. Los saduceos lo sabían muy bien pues ellos mismos eran grandes latifundistas. Hicieron un negocio redondo, pues tenían el control del templo y de la tierra.

¿De cuál de ellos será ella mujer? (12.23). Como buenos judíos, los saduceos hablan de la mujer como una propiedad, hecha a imagen del varón. Su cielo imaginario también es una copia de su sociedad judía y sus estructuras de dominación sobre la mujer y las personas sin tierra.

Serán como ángeles (12.25). Una mejor traducción es mensajeros celestiales, dada la mala influencia del pensamiento griego que favorece al alma y descarta al cuerpo. El pueblo judío concebía a la persona humana como un todo armónico: como alma materializada; o si se prefiere, cuerpo espiritualizado.

Jesús no cae en la trampa de enfangarse en una discusión acerca de la existencia o no de los ángeles. Lleva la discusión al terreno de la economía del Reino de Dios, la cual no gira en torno a la propiedad privada en manos del varón, sino alrededor de la propiedad comunal.

¿No han leído en el libro de Moisés? (12.26). Los saduceos únicamente aceptan el Pentateuco, es decir la *Torá*, o los cinco primeros libros de nuestras Biblias. Con esta pregunta capciosa quieren deshonrar al Galileo. Jesús por su parte, les contesta con sus propias autoridades, Moisés y los patriarcas y va más allá. A los eruditos de la Ley, a los sabihondos les pregunta: "¿No han leído la Escritura?"

Dios de Abraham (12.26). Jesús cita el pacto hecho entre Dios y Abraham en donde se comprometen a ser de bendición para todas las familias de la tierra (Gn 18.18), y no únicamente para el pequeño club de los privilegiados como los saduceos. La lista de nombres de Abraham, Isaac, Jacob, sin embargo, expulsa de la historia a sus esposas y sus concubinas.

Dios es Dios de vivos (12.27). El Reino de Dios promueve la vida en el más acá, la vida plena para todo mundo (Jn 10.10). La política saducea promueve la vida pero exclusivamente para las elites que pueden vivir en las ciudades amuralladas. Por lo tanto es un ídolo de muerte. En su riqueza veían la bendición divina y, por consiguiente, así enseñaron a los pobres a ver en su miseria el rechazo de Dios. Los saduceos adoran al ídolo que demanda sangre humana. Jesús les dice dos veces, "ustedes viven en el error al interpretar el Pentateuco de esa manera" (12.24, 27). Los ricos en general son personas lerdas.

Cuando predicamos acerca de esta porción del Evangelio, generalmente nos concentramos en la Resurrección, los ángeles o el Cielo. Sin embargo, bien haríamos en bajar un poquito la mirada y meditar en las implicaciones de la misma historia para nuestra situación hoy. El pueblo hispano heredó del Imperio Romano las instituciones de la propiedad privada y el latifundio. La Constitución de los EE.UU. también consagra y le da peso jurídico a la propiedad privada. Las grandes corporaciones se apropian cada vez más y más del agua y de las tierras del mundo. Los modernos saduceos sin embargo no tienen la última palabra. Profetas como Camilo Torres siguen levantando su voz: "Sabemos que el hambre es mortal. Y si lo sabemos, ¿tiene sentido perder el tiempo discutiendo si el alma es inmortal?"

12.28-34 Los dos mandamientos, Dios y el prójimo

(Mt 22.34-40)
Un escriba sincero, que siguió de cerca el episodio de los saduceos, le hace a Jesús una pregunta bien intencionada. Tiene que ver con la relación vertical con Dios; pero Jesús incluye la relación horizontal con los seres humanos.

El primer mandamiento tiene que ver con el *Shema*, la confesión de amar a Dios por sobre todo (12.28-30). Los rabíes habían formulado hasta 613 mandamientos, clasificados en 248 preceptos y 365 prohibiciones. El debate consistía en determinar cuál de todos ellos era el predilecto de Dios. De acuerdo con el sistema de deudas, sería el diezmo, para el sistema de pureza, sería guardar el sábado o el ayuno, etc. Hubo muchos intentos de resumir los mandamientos en unos cuantos. Aquí el experto de la Ley intenta sintetizarlos nada menos que en uno. Jesús resume los mandatos en dos, basándose en la confesión de Deuteronomio 6.4-5 o el amor a Dios y en Levítico 19.18 o el amor al prójimo.

El segundo mandamiento, amar al prójimo como a ti mismo (12.31). Tiene que ver con *Shema* (Dt 6.4-5; Lev 19.18). Jesús ensancha el horizonte del maestro de la Ley. Primeramente le recuerda la relación con el prójimo y luego, lo más sorprendente, expande la idea del prójimo sostenida por el mundo antiguo. Para los griegos el prójimo era su semejante, es decir, otra persona griega. Según el escriba igualmente, su prójimo era un compatriota judío. En cambio, de acuerdo con Jesús, el prójimo es cualquier ser humano, de cualquier raza, nación, lengua, sexo, condición social y religión. Juliano, el Apóstata, lo percibió muy bien cuando admiraba cómo los judíos se ayudaban entre sí; pero se quedó sin palabras al ver cómo los cristianos ayudaban a los extranjeros.

Eso es más que todos los holocaustos y sacrificios (12.33). El escriba capta a la perfección que la relación amorosa con Dios y el ser humano valen más que cualquier liturgia, rito o sistema de pureza (Os 6.6). Cae en la cuenta de lo superfluo del templo y que la exaltación a Dios no riñe con la actitud humanitaria de Jesús, sino que la presupone.

No estás lejos del Reino de Dios (12.34). Jesús honra al escriba pues ve en él el potencial para optar por las causas del Reino. El *Shema*, o credo que toda persona judía hacía suyo diariamente, invitaba a amar a Dios con todo el ser, lo cual incluía la mente filosa. El Reino de Dios necesita de personas letradas, de intelectuales que amen a Dios con su pensamiento profundo (1 P 3.15), para que con sus sesos arrojen luz sobre la práctica de la liberación, personal, política y cósmica.

Nadie más se atrevía a preguntarle (12.34). No es que Jesús intimidara a la gente con aires de superioridad mental. Tampoco se agotaron las preguntas porque el Nazareno ya había deshonrado a todos los partidos opositores en sus debates públicos. Se acabó el interrogatorio porque Jesús no se quedaba en la parcela de las ideas sino que siempre remitía a la gente al terreno de las acciones concretas. El Galileo reflexionaba acerca del amor a Dios simultáneamente con la entrega de servicio a la gente pobre.

En los EE.UU. nombran a los inmigrantes indocumentados *aliens*, una palabra que también significa extraterrestre. Mentalmente los arrojan del mismo planeta. Nuestros países latinoamericanos racistas y clasistas definen al prójimo como una persona de buena familia y de estatus social elevado. Las personas indígenas y afro-latinoamericanas sencillamente no hallan asiento en muchas de nuestras mesas. ¿Qué tan cerca estamos del Reino de Dios con esas actitudes heréticas que niegan el amor de Dios?

12.35-37 La identidad del Mesías

(Mt 22.41-46; Lc 20.41-44)

Jesús corrige la teología de los escribas: el *Mesías* no es hijo de David. Mesías en hebreo o *Cristo* en griego, apuntan hacia el Dios de David y no a la inversa. David y con él los señores de los reinos terrenales no son soberanos. El Galileo cita el Salmo 110 usado para la coronación de los reyes, con el propósito de aclararles una vez más en pleno templo, que su mesiazgo no es el belicoso de David, sino el del Siervo Sufriente solidario con los pobres.

Jesús no está interesado en lo más mínimo en reclamar su linaje real (Mt 1.1-17). Él se identificó con Nazaret, no con la casa de Judá, o de David. También hace mucho tiempo que Jesús renunció a la idea del Mesías político restaurador de la monarquía davídica, patriotera y guerrera. La teología de los escribas promovía el poder despótico de sus antepasados los reyes; la teología de Jesús era liberadora. Por eso encontraba eco entre su pueblo.

Cuando tradujeron el Antiguo Testamento al griego en la versión conocida como la de los Setenta, o Septuaginta, surgieron varias dificultades. Una de ellas consistió en buscar el equivalente del nombre Jehová o Yahvé. Optaron por la palabra *Kyrios*, o Señor en español. Del nombre propio y personal de Jehová pasamos a la designación general, masculina y jerárquica de "señor". De esa manera establecieron un vínculo entre el Señor del cielo, el señor del trono terrenal y el señor de la casa.

En la Universidad de Tennessee tuvo lugar una campaña de avivamiento en 1970. Esa noche, antes de que Billy Graham presentara a su invitado de honor, el presidente Richard Nixon, un coro de 5,500 voces entonó el himno clásico "Cuán grande es Él". El teólogo sioux Vine Deloria fue de las poquísimas personas que se preguntaban: "¿a cuál señor están trompeteando?"

12.38-40 Los escribas golosos

(Mt 23.1-36; Lc 11.37-54; 20.45-47)

Jesús capta la adicción de los escribas a la parafernalia clerical o las ropas litúrgicas ostentosas; por la *philodoxia* o el amor a la gloria humana; y por la *philotimia* o el amor a los honores. Con acciones y metáforas culinarias Jesús denuncia el carácter injusto de los escribas, el cual cubren bajo un manto de piedad.

Aman los primeros asientos en las cenas (12.39). Éstos eran distribuidos según el rango o la edad. La calidad de la comida y la bebida también dependía de la clase de comensal. En la misma mesa se servían entonces alimentos y vino de distintas categorías.

Devoran las casas de las viudas (12.40). A pesar de que la ley por una parte amparaba a la viuda (Ex 22.21), por la otra las dejaba a la intemperie pues, en su calidad de mujer, no podían tener propiedades. Por eso mismo surgió la práctica de designar a los escribas como apoderados legales. Recibían un porcentaje a cambio de sus servicios, pero muchas veces terminaban abusando de las dolientes viudas.

Hacen largas oraciones (12.40). La justicia queda de lado; en su lugar, el templo promueve las oraciones bien elaboradas.

En el siglo XIX el pastor Severino Kierkegaard, apodado por su padre "el tenedor" porque pinchaba a su presa, hace la misma advertencia refiriéndose a los pastores de la grey como a caníbales que devoran a los pobres. Habla de los pastores como de meseros quienes ofrecen un "cristianismo a la carta" para los paladares más conocedores. Detecta cómo la profesión de pastor es la vía más segura para agenciarse el pan y para ser promovido al rango de "su excelencia", echando mano del brazo policíaco. Denuncia a los pastores que miran hacia Canaán, la tierra donde fluye leche y miel, como el lugar buscado tras obtener el certificado de Teología. Echa en cara la simonía, la cual consiste en comerciar con lo sagrado, canonizando a los ricos y desentendiéndose de los pobres.

La honradez de Jesús y el cinismo de Napoleón captan al dedillo la glotonería de muchos falsos pastores. El emperador francés sostenía que: "Sin religión, ¿cómo puede el Estado mantener el orden? La sociedad no puede existir sin la desigualdad de las fortunas personales; necesitamos de la religión para que continúe la desigualdad. Cuando alguien se está muriendo de hambre y cerca de esa persona hay otra quien lo tiene todo, será imposible para el hambriento moribundo aceptar tal disparidad si no existe una autoridad que le diga: es la voluntad de Dios; en este mundo han de existir los ricos y los pobres; pero en el más allá, por toda la eternidad, la fortuna será a la inversa".

12.41-44 La huelga de hambre de la viuda

(Lc 21.1-4)

Jesús se sentó frente al arca de las ofrendas (12.41). Jesús sabía dónde sentarse para ver bien la realidad. Muchos ricos echaban harto dinero (12.41). El acuerdo era: a mayor ofrenda, mayor bendición de Dios. La viuda pobre echó dos blancas (12.42). Viuda en hebreo tiene un significado similar al de infante en latín, es decir, silente, sin voz. Esta mujer depositó calladamente dos míseras monedas de cobre del valor más bajo.

Echó todo lo que tenía para su sustento (12.44). Después de la advertencia contra los escribas que devoran las propiedades de las viudas (12.40), Jesús observa a esta viuda pobre que ofrenda todo lo que tenía para su sustento. El templo tenía la responsabilidad de velar por ellas (Dt 14.28-29) y de hacerles justicia (Ex 22.22-24). Pero en lugar de ello, los religiosos les prohibían heredar propiedades. Presionaban a las viudas jóvenes a casarse, pues las consideraban una tentación fuerte (1 Ti 5.3-15).

Esta viuda pobre echa mano de una de las armas de las personas débiles, la huelga de hambre. Tal vez haya escuchado del triunfo de la viuda boxeadora quien venció al juez cínico ¡poniéndole el "ojo moro"! (Lc 18.1-8).

¿Cuántas veces hemos citado a la viuda pobre para respaldar las campañas de mayordomía? Los modernos escribas de manera cínica predican acerca de esta historia para justificar la herejía de la prosperidad: "la viuda dio todo lo que tenía porque estaba probando a Dios". Quienes gustan del lenguaje abstracto se valen de este relato para mostrar que la viuda ofrendó de la nada, demostrando con esa acción que la nada es un concepto muy rico. Los banqueros interpretan este episodio para legitimar su práctica de exprimir a los países pobres hasta más no poder. Otros más hablan del negarse a sí mismos. En todos los casos se evita bregar con lo medular de esta porción: la oposición de Jesús en contra del templo, el cual deja morir de hambre a los pobres y honra a los ricos y su dinero mal habido.

13. 1-2 La desazón del templo

(Mt 24.1-2; Lc 21.5-6)
Un discípulo estaba absorto con la belleza del templo de Jerusalén. Herodes el Grande lo había engrandecido tanto que era considerado una de las maravillas arquitectónicas del mundo mediterráneo. Para Jesús la viuda pobre va primero que las piedras; la ética está por encima de la estética. Por lo mismo anuncia su destrucción, pues ha perdido su razón de ser.

Como la higuera llena de hojas pero sin fruto, como la cueva del pillaje, como el banco donde reina la moneda romana, como un fuerte donde la policía del Imperio hace sus rondas, así es el templo: estéril, injusto, insípido.

13.3-23 *Nunc Dimitis* o el discurso de despedida

(Mt 24.3-28; Lc 21.7-24; 17.22-24)
Se sentó (13.3). Sentarse, en la cultura judía, era la postura para gobernar y para enseñar o recibir alguna revelación. Marcos registra aquí el último discurso de Jesús, es su *Nunc Dimitis* semejante a la canción de

Simeón: "Ahora Dios despide a tu siervo en paz" (Lc 2.29-32). Lo cierto es que esta vez se trata del adiós final, no de un viejo como Simeón, sino de alguien que muere prematuramente.

En el Monte de los Olivos, de cara al templo (13.3). La geografía igualmente era muy importante. Este monte se asociaba con la presencia de Dios, con el Juicio y Salvación finales (Zac 14.4) y, obviamente, con el refugio seguro de Jesús y quienes le seguían. Con el templo en la mira, Jesús indica que continúa su juicio en torno al centro religioso, económico y político de los judíos, pero también en torno a Roma.

¿Cuándo serán esas cosas? (13.4). Los discípulos exigían fechas y señales exactas del fin del mundo. Equiparaban el fin de Judea-Jerusalén-templo con el fin del mundo. El templo era el punto de intersección entre el cielo y la tierra. Según ellos, su destrucción tendría consecuencias cósmicas. Pero aún no es el fin (13.7). Jesús deslinda la caída de Jerusalén del fin del mundo.

Es el comienzo de los dolores de parto (13.8). El Galileo no es un futurólogo o alguien que adivina el futuro. Jesús sabe leer la realidad de su tiempo y sus lugares. Él anuncia el fin de un reino edificado con piedras preciosas como las del templo y a un costo social altísimo. Jesús confirma la parusía, o sea el advenimiento de un nuevo reino de justicia para todo mundo, el cual irrumpe con dolores de parto.

Hambrunas, guerras, terremotos, persecuciones, eclipses (13.8). Este lenguaje de la profecía astral de tiempos de Jesús no necesariamente indica el cataclismo tan temido; más bien habla del fin inminente del templo-estado. La persecución de Nerón de los años 64 al 67 también nos aclara la visión.

El Evangelio es para todas las naciones (13.10). Las noticias liberadoras no se circunscribirán al pueblo judío, sino que tendrán un alcance universal. Hasta la Edad Media el mundo era muy pequeño, pues el Occidente llegaba hasta la Península Ibérica. La gracia divina cobija en cambio toda la creación de Dios. El Imperio Romano con su arrogancia expansionista y su política de muerte se ha quedado corto ante el Reino de Dios que trasciende todas las murallas divisorias.

El Espíritu Santo hablará por ustedes (13.11). Quienes testifican a favor del nuevo Reino no tendrán que aprender las técnicas y el lenguaje elegante de los oradores griegos y romanos al comparecer en las cortes, pues Dios en persona los representará.

El hermano entregará a muerte al hermano (13.12). Jesús es una persona transparente y antes de partir advierte sobre el precio del seguimiento en este camino del reino. Él ha experimentado en carne propia el desgarramiento familiar, la incomprensión y la persecución.

Los que estén en Judea huyan a los montes (13.14). La política de Roma ejecutada desde el templo de Jerusalén no tiene futuro. Huir hacia los montes santos o las montañas de Galilea es lo que corresponde (El que lee, entienda) (13.14). Inesperadamente Marcos se vuelca sobre sus lectores y los conmina a resistir: las prácticas crueles del templo no pueden sostenerse más (Jer 21), pero un nuevo día está ya emergiendo.

Tengan cuidado, les he dicho todo de antemano (13.23). Son las últimas palabras de su discurso final. Quiere decirlo todo de golpe en lo poco que resta.

13.24-37 La parusía, la promesa de su retorno

(Mt 24.29-35, 42-44; Lc 21.25-36)

En la segunda y última parte de las instrucciones finales de Jesús convergen varios tiempos. El del Galileo, el de la destrucción anunciada del templo, el de Marcos y el del fin del tiempo. Puesto que la guerra judía-romana ya había tenido lugar (66-70 d.C.) para cuando Marcos escribe, hay quienes ven en este capítulo el cumplimiento de las predicciones de Jesús. Lo mismo es cierto respecto a la predicación del evangelio. Pablo y una infinidad de creyentes anónimos ya lo han compartido a lo largo y ancho del Imperio. En lo que concierne al fin del tiempo, el peligro que corremos es que huyamos hacia el futuro y vaciemos de contenido las luchas presentes por solidificar el Reino de Dios en nuestros días y lugares.

La gran tribulación (13.24). El discurso de despedida incluye la promesa de su advenimiento o retorno glorioso. Jesús sigue usando una manera de hablar muy familiar para sus días. No quita el dedo del renglón: la persecución siempre está dentro del horizonte de quienes le siguen.

Verán al Hijo del Hombre (13.26). En el idioma de Jesús, Hijo del Hombre significa ser humano. El Mesías exaltado es el que se identificó y hermanó con los seres humanos más necesitados.

En las nubes con gran poder y gloria (13.26). La nube evoca el acompañamiento divino durante la liberación de los israelitas del yugo egipcio (Ex 13.20-22). El portugués Fernando Belo ve en la declaración con gran poder y gloria, la "justificación horizontal". El poder y la gloria son signos de la aprobación de Dios de la práctica liberadora de Jesús, el cual nunca perdió de su horizonte a la viuda, al huérfano y al extranjero, es decir, a los seres marginados.

De los cuatro vientos (13.27). Las buenas noticias del reino son del dominio público. No hay distingos de ningún tipo. Su mesa es franca; todo comensal come y bebe lo mismo.

Aprende de la higuera y sus retoños (13.28). Mientras que el templo es puro follaje y nada de fruto, las hojas de higuera celebran el fruto y el verano que se avecinan. El Nazareno sigue en esto a los rabíes, los cuales calculaban las estaciones del año teniendo como punto de referencia a la higuera. Hay que festejar los retoños, por modestos que sean, que anuncian una nueva sociedad más humana.

Esta generación (13.30). Jesús se refiere a su generación adúltera y pecadora (9.19). Su generación degenerada e incrédula será juzgada, así lo jura (13.31). Respecto al fin del mundo, sólo Dios sabe cuándo será (13.32). Lo importante es que Dios tiene la última palabra. El Imperio Romano tiene pies de barro y no se sostendrá indefinidamente.

Velen (13.35). Aquí encontramos las cuatro vigilias y guardias de la noche, según la clasificación romana. El pueblo judío observaba sólo tres. La noche era el tiempo del peligro y la maldición. Thomas Alva Edison a finales del siglo XIX le quitó su misterio a la noche con la invención del foco o bombilla eléctrica, al mismo tiempo que le restaba valor a la vida humana aplicando sus conocimientos para la creación de la silla eléctrica.

El "velen" tan insistente es entendible en el discurso de despedida de Jesús, quien sabe de la vulnerabilidad de su gente. Ante la cacería humana que se desatará de un momento a otro, el repetitivo "alerta" no está de sobra. El equivalente entre algunos pueblos oprimidos de nuestra generación es "cuidado y más cuidado".

A todos lo digo (13.37). Por segunda ocasión Marcos interrumpe su narración para dirigirse a su propia audiencia.

El capítulo 13 de Marcos también recibe el nombre de "el pequeño Apocalipsis", en relación con el grande del libro de la Revelación. Esta palabra griega significa revelación y generalmente se explica como el tipo de literatura que se enfoca en predecir el final del tiempo. Sin embargo, la literatura apocalíptica (Dn 7-12; Is 24-27; Zac 12-14; Ap) surge en tiempos difíciles, durante los cuales se vale de un lenguaje cifrado para mantener viva la esperanza del pueblo: "Al final la justicia triunfará".

Que el libro del Apocalipsis fuera relegado hasta el final del Nuevo Testamento se debió al hecho de que su contenido era muy crítico del Imperio Romano, especialmente su capítulo 13. Ahora bien, la escatología es la rama de la teología que abarca esta literatura apocalíptica y que da cuenta de la nueva vida inaugurada por Jesús a pesar de que todavía no se experimente en su plenitud (Ap 21.5). Mucha gente olvida que la escatología brega con la realidad presente desde el horizonte del triunfo final de la vida sobre la muerte. Con Jesús ya irrumpió el Reino de Dios aunque su realización plena está por venir. El proyecto liberador de Jesús estableció nuevas maneras de relacionarnos con Dios y con la comunidad de la gente excluida. "Utopía" es una palabra griega compuesta por *u-topos* traducida como "el no lugar". No se refiere a algún lugar inalcanzable; es más bien un lugar diferente al actual, donde la mentira y el maltrato priman. Utopía es, como dijera Paulo Freire, lo alterno viable. El Reino de Dios es la propuesta de construir una sociedad diferente no en la "allendidad" (más allá) sino en la "aquendidad" (aquí y ahora).

En nuestros días muchos creyentes echan mano de la "escato-ficción" para olvidarse de los modernos Herodes que matan a la niñez, de los Caifás que bendicen a los imperios, de los Pilatos que mantienen oprimido al pueblo con su bota. La auténtica escatología, en cambio, nos confronta con nuestra responsabilidad social en el aquí y ahora, pero siempre desde la perspectiva del triunfo final del reino solidario de Dios.

14. 1-2 Miércoles de Retiro; el complot para prender a Jesús

(Mt 26.1-5; Lc 22.1-2; Jn 11.45-53)

Lo que resta del Evangelio de Marcos está dedicado a la narración de la muerte y Resurrección de Jesús. El evangelista ahora nos permite ver por qué Jesús escogió esta semana y no otra para entrar a Jerusalén.

Dos días después (14.1). El día miércoles es cuando da inicio el desenlace del ministerio profético de Jesús. La Pascua y los Ázimos (14.1). La Pascua era la fiesta más importante de los judíos pues conmemoraba la liberación política de la esclavitud egipcia (Ex 12.1-13.16). Se originó como una celebración pastoril y posteriormente alcanzó dimensión nacional.

Finalmente se unió con la fiesta de los panes sin fermento (Ex 45.21-24) puesto que en ambas se comía pan sin levadura. En el Nuevo Testamento la Pascua se asocia con la vida, muerte y Resurrección de Jesús.

Para que no se alborote el pueblo (14.2). Era de temerse que dicha fiesta patria animara las ansias de libertad del pueblo judío frente a la dominación romana. Por eso las autoridades civiles y religiosas caminaban sobre huevos, con tal de no dar lugar a alguna actitud levantisca.

Sus enemigos deciden declarar una tregua en su plan para deshacerse del Galileo, esto es, hasta después de la Pascua. No lo hacen movidos por la piedad sino por estrategia política. Pero no son de fiar. En plena fiesta le tienden una emboscada. La historia se repite vez tras vez como en el caso de Filiberto Ojeda Ríos. Este personaje del movimiento independentista puertorriqueño fue herido con una bala en el hombro y dejado desangrar lentamente durante 17 horas hasta su muerte, el 23 de septiembre del 2005. Su tortura y muerte tuvo lugar precisamente durante la fiesta nacional puertorriqueña, "el Grito de Lares". Un día como ese, en 1868 la Borinquen declaró su independencia política de España. En este caso no fueron dos, sino tres días antes de que el FBI, o la Agencia Central de Inteligencia, planeó la emboscada.

14.3-9 Los banquetes de María y Sofía

(Mt 26.6-13; Jn 12.1-8)

Marcos abre otro paréntesis en medio de los complots para arrestar y entregar a Jesús, para insertar la historia de otra mesa. El Reino de Dios alcanza su máxima expresión en la mesa abierta donde nadie pasará más hambre ni sed. La semana de la Pasión de Jesús no es la excepción; también está enmarcada con la comida.

Betania (14.3). En las afueras de Jerusalén, en medio de su clandestinidad, Jesús encuentra un oasis verde. Reclinado sobre la mesa de Simón el Leproso (14.3). Ésta no es una comida ordinaria. El estar reclinado indica que se trata de un simposio, o banquete lujoso. "Lepra" era un término muy elástico en ese entonces dado que abarcaba cualquier anomalía en la piel, en las paredes o en la ropa. Era algo muy distinto a lo que hoy entendemos como la enfermedad de Hansen. Según el historiador antiguo Josefo, quienes sufrían de ceguera, pobreza, ausencia de hijos o lepra eran muertos en vida.

Una mujer unge la cabeza de Jesús (14.3). Sólo el Evangelio de Juan registra el nombre de esta célebre mujer, María (Jn 12.3). Ungirlo en la cabeza es una acción intrépida, pues lo ordinario era que las mujeres lavaran los pies y los untaran con ungüento. Lo otro era reservado para los varones, pues se relacionaba con la consagración del rey (1 S 10.1; 2 Re 9.6: Sal 133.2). Esta mujer entonces unge a Jesús como el Rey Mesías. Después de todo el significado del Mesías es ese: el Ungido. Marcos toma un atajo al desviar la acción hacia las costumbres funerarias.

300 denarios (14.5). Casi el salario de un año. Los discípulos todavía se rigen por la mentalidad gerencial (6.37). La persona del pobre es el campo de batalla donde se debaten el ídolo Mamón del dinero y el dios del derroche. El aceite era un artículo de lujo muy preciado, pero esta profetisa apuesta por el santo despilfarro, por la gratuidad de la vida, por sacudirse de la tiranía del dinero romano con la imagen del César.

"En todo tiempo tienen a los pobres" (14.7). La traducción traidora del proverbio: "a los pobres siempre los tendrán" no se sostiene. Este dicho de Jesús no es un cheque en blanco para justificar la pobreza permanente en el mundo. No. Lo que afirma el que tiene sus días contados es que el tiempo apremia, que ya pronto lo desaparecerán. En cambio, se podrán solidarizar con los pobres en todo tiempo, cuando los haya y cuando no. Jesús no está eternizando la pobreza, sino que está urgiendo a quienes lo siguen a erradicarla obedeciendo el imperativo bíblico "no habrá pobres entre ustedes" (Dt 15.4). Volteando la tortilla, tenemos que Jesús les cita este refrán a su grupo íntimo como diciéndoles: "Ustedes siempre estarán en medio de la gente pobre", pero la opción de muchas denominaciones cristianas por las clases altas las condiciona a interpretar este texto a su conveniencia.

Ungir mi cuerpo (14.8). Esta mujer asume el papel de profetisa y de curandera. El Mesías significa el ungido. El cuerpo de Jesús en el que esta mujer deposita toda su inversión será el mismo cuerpo que el Galileo entregará para la liberación de los pobres.

De verdad les digo (14.9) que la palabra de honor, así como también los juramentos, son de vital importancia en las culturas orales como la de Jesús. En todo el mundo (14.9), el amor de Dios rebasa cualquier muro geográfico, sobrepasa las fronteras de cualquier índole. La gracia de Dios no es ingrata como la de muchas Iglesias de comunión cerrada. En memoria de ella (14.9). Jesús expresa aquí y no en el Aposento Alto (14.12-25) una porción de la fórmula eucarística. El papel central de María corre paralelo al del banquete de Sofía (Pr 9.1-5; "Sofía" quiere decir "sabiduría").

"Femenina" es una palabra compuesta del latín *fides* (fe) y *minus* (menos), la que tiene menos fe. Mujer, del latín *mulier*, viene de *mollitia*, que se traduce como débil. *Woman*, mujer en inglés viene de *Wife-man*, *Wifman* y finalmente *Woman*, y quiere decir la esposa del hombre. *Varón* en cambio se origina del *vir*, virtud, fortaleza. Pero la noticia liberadora de esta porción del Evangelio es que en el Reino de Dios la mujer no tiene un valor derivado del hombre. Ella tiene luz propia.

Pasajes como el presente son una invitación a las mujeres hispanas y a toda comunidad femenina oprimida a celebrar la vida sin medida. El género humano fue creado para la plenitud (Jn 10.10), no para la fatiga; para la libertad, no para la esclavitud. El bálsamo y la fragancia de esta mujer que llenó toda la habitación son también para quienes hoy no saben lo que es un día de asueto, por ser víctimas de los reinos avaros que exprimen la vida de los pobres. Esa ofrenda costosísima es un recordatorio de que el tiempo no es oro, de que la vida es más que cálculo matemático, inversiones y especulación financiera. El dinero es un ídolo de plata y oro, criatura de las manos humanas (Sal 115.4-7). Al comentar sobre este pasaje, Calvino justificó la actitud despilfarradora sólo por tratarse de Jesús, pero dejó bien en claro que no es para ser imitada, inhibiendo con ello al pobre y su capacidad de celebrar la vida. En contra del reformador asceta, el santo derroche es un imperativo bíblico, siempre en memoria de ellas, María y Sofía.

14.10-11 Judas ofrece entregar a Jesús

(Mt 26.14-16; Lc 22.3-6)

Judas Iscariote (14.10). Hay quienes han querido ver en el significado de Iscariote tanto "fraude" como "asesino"; pero eso no hace justicia a su nombre. Judas es sinónimo de judío. Para esa cultura el nombre no era un simple agregado sino que describía la esencia o la personalidad de quien lo portaba. Judas era un nombre tenido en alta estima. Él fue el único discípulo de los doce originario de Judea; estaba a cargo de la tesorería del grupo y fue quien dejó tras de sí mucho más que el resto de los doce.

Prometieron darle dinero (14.11). No mucho que digamos pues equivalía a la multa por una cornadura de un buey (Ex 21.32) o al salario mensual de un pastor de ovejas (Zac 11.8-14). Esa exigua cantidad nos da qué pensar. ¿Será que a Marcos sólo le interesa apuntar hacia Judas como el primero de una cadena de seguidores que traicionaron a Jesús? ¿Acaso Judas se sintió traicionado por Jesús al no abrazar éste el proyecto del Mesías libertador de los judíos?

En la Pascua de 2006 la Asociación Nacional de Geografía resucitó a Judas con el descubrimiento de un evangelio supuestamente escrito por él. Según este escrito tardío Judas no traicionó a su Maestro, sino que éste le pidió que lo entregara para poder liberar su alma de la cárcel de su cuerpo. El problema del Evangelio de Judas es que contradice al Jesús que se desvivió por alimentar, curar y celebrar la vida del cuerpo de las personas pobres.

A los sacerdotes principales (14.10) y las autoridades romanas, les resulta conveniente desviar la atención hacia Judas como el asesino solitario que entregó a Jesús por dinero. En nuestros días y con el propósito de no ir al fondo del asunto, las autoridades quieren que creamos que Lee Harvey Oswald liquidó a J. F. Kennedy, que James Earl Ray terminó con la vida de Martin Luther King y que Álvaro Rafael Saravia hizo lo mismo con Monseñor Oscar Arnulfo Romero. Estos individuos son los judas o los chivos expiatorios modernos.

Felizmente algunas comunidades de hispanos entienden al traidor como el aguafiestas y lo manifiestan mediante "la quema de Judas". Con mucha anticipación fabrican muñecos de varios metros de altura, con carrizo y papel y los llenan de pólvora y fuegos artificiales. El Sábado de Gloria los cuelgan como a piñatas y les prenden fuego. Lo impactante de esta tradición de siglos conservada por la gente pobre, a pesar de las prohibiciones del gobierno, es que el monigote de Judas señala hacia los males sociales que han de ser combatidos. El maniquí representa la quema de leyes injustas, de políticas inhumanas, de grandes latifundistas, de intervenciones extranjeras, de los mestizos racistas que desprecian al indígena. En una palabra, es la quema de todo lo que se interpone en la realización del Reino de Dios en la tierra.

14.12-25 Jueves de Intimidad; el jolgorio de despedida

(Mt 26.17-29; Lc 22.7-23; Jn 13.21-30; 1 Co 11.23-26)

En inglés *Maundy Thursday*, del latín *mandare*, hace alusión al nuevo mandamiento de amarse entre sí (Jn 13.34). El jueves de la institución de la Eucaristía es central para la piedad anglosajona. El pueblo hispano, por nuestra parte, nos identificamos más con el Viernes de Dolores.

"Pascua" en hebreo equivale a paso o huida, rememorando el escape de Egipto. Durante la cena pascual Jesús entronca la institución de la Eucaristía. Ésta es una palabra griega que significa acción de gracias. También se conoce como la Sagrada Cena y la Última Cena. Jesús barrunta que no le queda mucho tiempo. Está despidiéndose ya, pero quiere ser recordado partiendo, compartiendo y repartiendo pan y vino.

Un hombre que lleva un cántaro de agua (14.13). Los preparativos para la cena secreta tienen que desarrollarse con sigilo. Entre la multitud de docenas de miles resaltaría la contraseña. No hay pierde: un hombre realizando tareas mujeriles en una sociedad donde el hombre manda. Hay quienes ven en este joven servicial al propio evangelista Marcos, el cual poseía una casa grande y además sabía leer y escribir. Jesús "hizo reservaciones" con antelación. Ésta también es una ventana que nos permite ver que el Galileo no deseaba morir.

Un gran aposento alto ya dispuesto (14.15). El segundo piso (primer piso para la comunidad angla) en tiempos de Jesús era el lugar generalmente destinado para pernoctar. Los preparativos incluían copas, normalmente reservadas para las familias adineradas y la realeza.

Se reclinaron (14.18). No se sentaron. Se reclinaron sobre su brazo izquierdo según se estilaba en la cultura grecorromana. La mesa era en forma de herradura, los comensales se tendían hacia la parte exterior de ella, estirando sus pies hacia fuera. Esa postura hacía indispensable a la servidumbre para atenderles.

Uno tras otro, ¿seré yo? (14.19). El evangelista Marcos se apropia de esta pregunta vital para aplicarla a su situación de persecución y deserción en los años 70 d.C. La misma interpretación surgió independientemente en la teología popular mencionada arriba (14.10), en la quema de Judas, donde el discípulo ejemplifica a personas, leyes, comunidades y estructuras que niegan el Reino de Dios.

El que moja conmigo en el plato (14.20). Todo mundo sopeaba del plato. Jesús en ningún momento arrostró en público a Judas. Sencillamente se apoyó en sus seguidores en ese momento de desencanto (Sal 41). Mientras comían (14.22), en la cena pascual se intercalaba el vino con los aperitivos, botanas o piscolabis y la cena pesada.

Tomó pan, lo bendijo, lo partió y lo dio (14.22). Quienes conocen más de cerca las costumbres de ese entonces relacionan las acciones de tomar y bendecir la comida como propias de los hombres. Partir y repartir corresponderían a la mujer y a los esclavos. Pero Jesús promueve la mesa de la igualdad al trastocar elementos opresores de su cultura.

Jesús instituye la Eucaristía, la fiesta de la acción de gracias, la cual inaugura la creación de una nueva sociedad donde lo que prima es la gracia, el per-don, la hospitalidad. Jesús rompe con el templo y sus sacrificios, con el cobro de impuestos y la hostilidad. El templo quiere matar su cuerpo partiéndolo con violencia; Jesús entrega su cuerpo por cuenta propia. El cuerpo de Jesús reemplaza al templo y la manera de honrarlo y hacerlo presente es dando de comer a los pobres. Jesús comparte, el templo compartamentaliza. El Galileo da su cuerpo, lo único que tiene; los sacerdotes re-tienen todo. El sarcasmo de Kierkegaard ilustra el asunto que nos ocupa pues según él, los modernos representantes del templo dirían: "Tenemos oro y plata. Pero no te damos nada" (Hch 3.6).

Nuevo Pacto (14.24). La Pascua conmemoraba la liberación política del pueblo judío a través del éxodo y la alianza hecha con el mediador Moisés. En el Nuevo Pacto ya no es necesario el cordero pascual como chivo expiatorio por los pecados, pues la sangre de Jesús, su muerte prematura, cancela todo sacrificio. Jesús brinda por la vida abundante para todo ser humano y porque quienes chocan las copas con la suya continúen su misión de extender el Reino de Dios, el cual no tiene barreras deshumanizantes.

Sangre derramada por muchos (14.24). Como la sangre de los sacrificios (*sacrum facere* hacer santo) (Lv 4.7). Pero esta vez es para clausurar todo sacrificio del templo y para anunciar las nuevas de liberación para muchas personas. Judas también comulga. Es una comunión abierta, muy diferente a nuestras eucaristías sectarias, de clubes privados, empedernidas en excomulgar a medio mundo con el "terrorismo espiritual".

No beberé más del fruto de la vid... vino nuevo (14. 25). El agua era el bebestible esencial (Is 21.14). El vino en cambio se servía para honrar a alguien (Jue 19.4). El buen vino con bouquet era para lo más granado de la sociedad. Jesús degusta un vino añejo pero advierte que se convertirá en un abstemio (Nm 6.1-21), que iniciará una huelga de vino. La próxima vez que beba vino será vino nuevo. No en el sentido de no haber reposado lo suficiente, sino que será un vino no producido con la sangre del campesinado muerto de hambre. Será un vino elaborado en una sociedad justa. La huelga más larga de los EE.UU., con sus más de cinco años, fue precisamente la de los trabajadores agrícolas acompañada por César Chávez. Las uvas sangrientas de California eran simplemente impasables.

Jolgorio significa "tomar aliento", soplo, viento, espíritu. Se asemeja igualmente con *alkuhul*, o espíritu en árabe. Lo espirituoso, la gratuidad de la vida, no es del monopolio del ser humano. A algunos animales les gusta comer frutas fermentadas según lo evidencian ¡las aves ebrias que se estrellan contra los cristales!

Jesús quiere ser recordado en torno a la buena mesa. Recordar significa *re-cardia*, la vuelta al corazón, es decir que hemos de entender la eucaristía con el corazón, con las vísceras y también con el cerebro. La eucaristía no consiste en la consagración del pan y el vino sino todo lo contrario. Lo sagrado de los comestibles y bebestibles hace posible el jolgorio de despedida. La religiosidad del templo desprovista de la compasión es fútil. Religión, a su vez, quiere decir religar (*religare*) establecer la comunidad de mesa con la gente marginada (2.15 ss), el pueblo hambriento (6.41; 8.18), mediante el discipulado costoso de aquel "en memoria de ella" (14.9). Religarnos también con la madre tierra de donde brota nuestro sustento.

Recordar tiene otro significado: despertar, "recuérdame a las cinco". Hemos de estar despiertos pues muchas eucaristías prefieren las relaciones mercantilistas del templo. Un ejemplo de ello es la que celebró el padre Hernando de Luque en el siglo XVI. Antes de partir de Panamá, de cara a la expropiación del Perú, Pizarro y Almagro participan de la eucaristía. Demandan los nutrientes celestiales para la conquista terrenal, pero de igual forma sellan con el sacramento su juramento de repartirse el botín por partes iguales. Pizarro faltará a su palabra al degollar a Almagro en ataque trapero. Adelantándonos en el tiempo, nuevamente estamos ante la mesa. Ahora Pizarro invita a cenar a Atahualpa en el alto valle de Cajamarca, en el "lugar de hielo", según los incas; en "el demonio de los Andes", de acuerdo con los españoles. Como es digno de un comensal divino, Atahualpa viene acompañado de un cortejo pomposo, lo más granado de la sociedad inca: clero, oficiales militares, consejeros, nobleza. Por encima de todo, observan su código de honor, presentarse desarmados. El capellán de Pizarro les lee el requerimiento que les exigía la rendición y entrega de todos sus bienes. ¿Quién lo dice? Inquiere Atahualpa. La Biblia, contesta el español. El soberano inca explora la Biblia, sólo ve manchas de tinta, se la pega al oído, no oye nada y la arroja por los suelos. Eso es sacrilegio para el ejército invasor. Salen de su escondite y masacran a sus huéspedes. El cronista indígena afirma que Atahualpa tiró la Biblia al suelo porque anteriormente los soldados de Pizarro habían derramado la cerveza de maíz o chicha, la bebida sagrada andina hasta nuestros días.

El desprecio de la mesa también tuvo lugar cuando el presidente nicaragüense Juan Bautista Sacasa invitó a cenar al libertador Augusto César Sandino y al, en ese entonces, jefe de la guardia nacional Anastasio Somoza García. Concluido el convite el 21 de febrero de 1934, de camino a casa, los mercenarios somozistas le echaron el guante mortal a Sandino.

Pablo personalmente experimentó en su comunidad de Corinto la avaricia de los ricos al levantar muros de contención a la hora de la eucaristía. Pablo prefirió no meterse en honduras y les aconsejó que se hartaran (del griego *arton*, pan) en sus casas a fin de no compartir su comida con los pobres (1 Co 11.34), pero ¡eso es precisamente comer del cuerpo de Cristo indignamente! (1 Co 11.27). Camilo Torres por su parte, prefirió dejar de administrar la eucaristía mientras existieran las relaciones de dominación.

Por siglos la Iglesia cristiana ha pervertido el significado de lo instituido en el Aposento Alto. Cuánta discusión insípida en torno a palabrejas como transignificación, consubstanciación y transustanciación cuando la verdadera amenaza de nuestros días es la transgenización. Las semillas transgénicas, conocidas también como suicidas o estériles, son semillas modificadas genéticamente de forma tal que únicamente sirvan para una cosecha. Un par de corporaciones llevan a cabo esta guerra contra el campo, contra el sustento de la gente pobre, controlando cada vez más el grano sagrado sin el cual no hay vida, no hay jolgorio ni mucho menos eucaristía.

14.26-31 Galilea: el destino final de Jesús

(Mt 26.30-35; Lc 22.31-34; Jn 13.36-38)

Después de haber cantado (14.16). El canto en el mundo de Jesús era primo hermano de la danza. El Galileo está a punto de morir y la alabanza, específicamente el *Hallel* (Sal 113-118), lo acompaña, como lo cobijó en su nacimiento. Los dos primeros capítulos de Lucas registran varias canciones, entre ellas el Magníficat, cuya cantautora es María (Lc 2.46-55).

Matarán al pastor y las ovejas se dispersarán (14.27). Jesús está tentado a "dejar el pesimismo para tiempos mejores" (Zac 13.7-9). Pero en esa caminata por la montaña bañada por la luna llena recupera su terquedad de reorganizar a su desbandada comunidad (Ez 34.12-16).

Iré delante de ustedes a Galilea (14.28). Jesús anuncia que se levantará de la muerte y la buena noticia consiste en que irá de regreso a Galilea. Para ese entonces sus seguidores por fin habrán adquirido una comprensión cabal de la cruz y el seguimiento (16.7).

Esta noche me negarás tres veces... todos decían lo mismo (14.30, 31). Qué más quisiera Jesús que su círculo íntimo llevara la solidaridad hasta las máximas consecuencias. Su familia adoptiva le da la espalda, pero Él no permite que el desaliento aborte su proyecto del Reino. Juan el Bautista también en su momento dudó de Él (Mt 11.2). Ahora Pedro está en negación, no ve ni escucha ni sabe nada.

14.32-42 La copa amarga del Getsemaní

(Mt 26.36-46; Lc 22.39-46)

Getsemaní (14.32). Significa "lagar de aceite", su ubicación está en el Monte de los Olivos (Jn 18.1). Triste, agitado (14.33), Jesús aparece como un hombre vulnerable, atemorizado (Sal 42.5).

Pedro, Jacobo y Juan (14.33). Los mismos que lo acompañaron en el Monte de la Transfiguración y presenciaron el perfil glorioso de Jesucristo. Ahora, en cambio, se topan con la revelación del Jesús de la cruz, desgarrado, sufriente, que se vacía (*kenosis*) de todas sus credenciales por causa del Reino. En la versión de Pablo, "Jesús siendo rico se hizo pobre" (2 Co 8.9), no tiene ningún sentido figurado. Jacobo, Juan y la madre de ellos son el trío que reservó los asientos de honor en el reino de Jesús y que juró beber de la misma copa amarga (10.38-39).

Se postró en tierra (14.35). Para entrar en comunión con Dios a través de la oración y la contemplación (entrar al templo), el lenguaje corporal es importante. En situaciones normales, podemos hablar con Dios postrados, sentados, de pie, pero nunca acostados. La disposición del cuerpo cuenta mucho pues es toda la persona la que se recoge con la Divinidad.

Abba, pá, papi, papá, jefecito, mi viejo, tata, Diosito, *papa* en inglés, (14.36). Marcos traduce la palabra aramea pues para su audiencia no judía no significa nada. Todo es posible para Dios (14.36). El Galileo profesa su confianza en Dios, pero sin asomo de ingenuidad, sin un espíritu temerario, sin que suene a fórmula vacía.

Aparta de mí esa copa (14.36). El trago amargo de la cruz es el destino de Jesús. Pero no en el sentido de que ya estaba escrito que así tenía que ser; destino en este caso significa el lugar de llegada al término de la travesía. La cruz es el precio que ha de pagar por su enseñanza y su práctica a favor de la gente excluida. Jesús se resiste a la idea de beber la copa ácida pero sabe que con ello abortaría su proyecto liberador de una sociedad más humana.

Para no entrar en tentación (14.38). De un momento a otro el grupo de Jesús se dispersará mientras Él forcejea con la tentación. Todavía está a tiempo de darse a la fuga pues le cuidan la espalda dos estaciones de sus discípulos-vigilantes. Aún puede suavizar su discurso ante las autoridades y llegar a algún acuerdo "razonable". La vía de la autodefensa violenta es otra opción para poder escabullirse. Pero —y este es un pero enorme— en el "Padre nuestro" el Nazareno encuentra la respuesta: "Padre nuestro... venga tu reino... hágase tu voluntad... no nos dejes caer en la tentación" (Mt 6.9-13). En otras palabras, Jesús está ante la tentación de evadir el trago amargo y mortal del Viernes de Dolores, de arrostrar la cruz como consecuencia de querer instaurar un reino alternativo al de Pilato. Pero, para nuestra felicidad, el Galileo salió airoso.

El espíritu está dispuesto, pero no la carne (14.38). Para el pensamiento griego el alma es buena e inmortal mientras que la materia es intrínsecamente mala y caduca. En contraste, según el judaísmo el ser humano es una unidad sin divisiones. El espíritu dispuesto se refiere entonces a la persona toda, que es fiel a los propósitos de Dios. La carne débil indica, a su vez, a la persona completa que no obedece al llamado de Dios.

14.43-50 Arresto de Jesús

(Mt 26.47-56; Lc 22.47-53; Jn 18.2-11)

Principales sacerdotes, escribas y ancianos (14.43). La clase dominante está compuesta por los sacerdotes principales, el brazo político; los escribas, el poder intelectual; y los ancianos, la fuerza económica. "Mucha gente" (14.43) se refiere a una multitud diferente a la que lo apoyaba y lo seguía. Este gentío lo más seguro es que fuera originario de Jerusalén. Azuzados por los líderes religiosos, colaborarán en el proceso de la muerte del Galileo. El templo contaba con su propia policía.

El beso de Judas (14.45). Era el saludo convencional de ese tiempo del alumno frente a su rabí. Judas encarna el otro significado del beso, el de las motivaciones torcidas (Pr 27.6; Gn 33.4). Como suele suceder, son los soldados quienes hacen el trabajo sucio. Ellos no conocen a Jesús; de ahí la necesidad de que Judas lo identifique.

Le cortó la oreja (14.47). Por Juan (18.10) sabemos que fue Pedro el que usó su machete y Malco el que perdió la oreja. "Siervo del Sumo Sacerdote" (14.47) quiere dar a entender un dignatario (1 S 29.3) de Caifás, quizá el cabecilla del operativo. Cortar la oreja era señal de ignominia así como entre algunos indígenas precolombinos lo más vergonzante consistía en que les cortaran un mechón de cabello: "te tomaron el pelo". Los seguidores de Jesús iban armados tal como lo permitía la ley para la defensa propia (Lev 18.5), así lo anticipó la policía del templo al prepararse para el combate. Esta guardia estaba bajo las órdenes del Sanedrín, a diferencia de la policía levítica cuya participación estaba restringida a la seguridad dentro del templo.

Como si fuera un levantisco (14.48). Jesús les recuerda que ellos son los que sangran al pueblo. Ellos son los que habitan la cueva de ladrones (11.17-18). Nuevamente se deslinda de la opción militar, les recuerda que Él no se esconde en las cuevas de las montañas como los zelotas, sino que camina abiertamente por el templo y las calles de Jerusalén. Mateo será claro: "guarda tu machete... el que saca su machete morirá a machetazos" (Mt 26.52-53), "no resistas al que es malo" (Mt 5.38-42). Desgraciadamente la lectura apresurada e ingenua de Mateo ha sido usada para promover un pacifismo cómodo, cómplice de la "ley y orden" definidos como les conviene por la clase acomodada.

Para que se cumplan las Escrituras (14.49). Marcos no registra cita alguna. Bien podría haber sido Isaías 52-53, la referencia al Siervo Sufriente, desechado, sin atractivo, vilipendiado.

Todos lo dejaron y huyeron (14.50). La invitación libre al discipulado puede tornarse en deserción y Jesús corre el riesgo (Ap 3.20). Los discípulos esperaban que Jesús desplegara su poder ante la policía del templo. La entrega voluntaria de su Maestro les facilita la retirada.

Tenemos claro que durante la guerra contra Roma (66-70 d.C.) el movimiento independentista y revolucionario judío conocido como zelotas alcanzó su organización plena. Pero eso no niega el que siempre hayan existido pandillas de campesinos y grupos levantiscos que recurrían a la guerrilla en contra de la bota romana. Muchos comentaristas bíblicos, no obstante, los borran de la historia de un plumazo.

Algo semejante ocurre con el caso de Doroteo Arango, quien se cambió el nombre para mantener viva la memoria de su compañero muerto en batalla, Pancho Villa. Este guerrillero con una selección de 500 soldados, en 1916 atacó Columbus, Nuevo México, debido al intervencionismo estadounidense. Eisenhower, en aquél entonces teniente, lo persiguió con toda su tecnología bélica y con 10,000 hombres. Villa les invertía las herraduras a sus caballos para que mientras más se le acercaban en realidad más se le alejaban sus enemigos. Nunca dormía en el mismo sitio, fumaba esporádicamente, nunca bebió licor y se lo prohibía a su ejército. Incorporó el avión y el ferrocarril a su movimiento independentista. Su gente vestía de civiles. Se valía de palomas mensajeras para comunicarse. Por fin, después de casi un año de persecución en territorio mexicano, el ejército gringo emprendió la retirada. Villa, mirando desde su escondite, dijo: "Vinieron como águilas y se van como gallinas". A pesar de ello, Pancho Villa fue expulsado de la historia de los EE.UU. mientras el general Eisenhower fue promovido a la silla presidencial.

14.51-52 El joven que huyó desnudo

Sólo Marcos incluye esta referencia. Según el resto de los evangelios y en la opinión de muchos comentarios bíblicos, ésta es una referencia autobiográfica jocosa del propio Marcos. Una lectura más atenta considera el asunto de la desnudez como el desafuero, con ser desprovisto del poder, como anunciando el velo rasgado del templo, que pierde de este modo su razón de ser. La desnudez, por otra parte significa el oprobio social, la vergüenza de quienes en lugar de negarse a sí mismos, en vez de perder sus vidas, optan por darle la espalda a la causa del reino.

14.53-65 "Cardenal no come cardenal"; Jesús y el Sanedrín

(Mt 26.57-68; Lc 22.63-71; Jn 18.12-14, 19-24)

Los principales sacerdotes, los ancianos y los escribas (14.53). Marcos distingue las tres fracciones del gobierno judío: La política (los principales sacerdotes), la nobleza mayoritariamente laica (ancianos) y la intelectualidad (escribas). Todas ellas cierran filas ante un enemigo común que atenta contra sus intereses.

La casa de Caifás (14.54). No era necesario sesionar en el edificio del Sanedrín en tanto que éste no era un juicio formal. Sólo tratan de encontrar un argumento de peso para deshacerse de Jesús. De acuerdo con el historiador Josefo, Caifás comparte con su suegro Anás, cinco cuñados y un sobrino el hecho de haber ascendido a la silla principal de la Junta Suprema de Israel lo único que él la ocupó durante 18 años. Fue durante su administración cuando se estableció la red de cambistas del templo. Según el derecho judío el nombramiento de Sumo Sacerdote era de carácter vitalicio, pero Roma se encargaba de recordarles quién mandaba al deponerlos aproximadamente cada cuatro años.

Buscaban testimonio contra Jesús... pero no lo hallaban (14.55). Hacer tragable un falso testimonio no era cosa fácil tratándose de la vida sin dobleces de Jesús. Además de ello, necesitaban que por lo menos dos declaraciones coincidieran (Dt 19.15). Lo amañado del secuestro y de las deliberaciones prescindía del mandamiento de no levantar falso testimonio (Ex 20.16). El tiempo apremia, le temen al pueblo cuando se despierte. Además el día de descanso llegará al ponerse el sol.

Derribaré este templo (14.58). Hace referencia al ataque del templo por parte de Jesús (11.15-16; 13.1-2), pero pone en sus labios lo que nunca expresó "yo lo derribaré". En cualquier caso esta acusación no prospera pues implica a todo el negocio religioso-político. Los de arriba tienen que distraer la atención del ataque frontal de Jesús al templo-banco-rastro.

En tres días (14.58). Jesús hacía alusión a su Resurrección y con ello al hecho de que Él será el nuevo templo sin muros divisorios que niegan la misericordia divina.

¿Eres Tú el Cristo? (14.61). Caifás le lanza una curva; si Jesús la deja pasar, Él mismo se "ponchará"; si la batea, entonces les dará armas para atacarle.

Yo soy el Cristo (14.62). Jesús proclama a viva voz su identidad (Dn 7.13; Sal 110.1). Abandona el lenguaje parabólico de doble significado. Es tiempo de sacar la lámpara de debajo de la mesa y ponerla sobre alguna superficie alta (Mt 5.15). El secretismo sobre su mesianidad llegó a su fin. Ahora caen en la cuenta de qué tipo de Mesías representa (Ex 3.14). Jesús es el Cristo que se encarna en la periferia de Jerusalén, en la clase artesanal, en las mesas del pueblo excluido.

Sentado a la derecha de Dios y viniendo en las nubes (14.62). Jesús abanica el bate, le atina a la bola y, para sorpresa del pitcher Caifás, le anota un *home-run*. Es decir, complace a su inquisidor recibiendo su pregunta pero se la lleva a su cancha. Aprovecha para dejar bien en claro que la jerarquía (poder santo) del Concilio judío no tiene la última palabra. Que la tortura que le espera no quebrará su ser ni ofuscará su proyecto del Reino donde no reinará el miedo. Que Dios lo reivindicará sentándolo en el lugar privilegiado y que con la presencia de Dios simbolizada en la nube, el Juez-Libertador impondrá la justicia verdadera.

Rasgó su vestido (14.63). En señal de dolor y luto (Gn 37.29; Jos 7.6; 2 R 2.12; 19.1). Cualquier similitud con el velo del templo partido en dos no será una mera coincidencia.

Blasfemo (14.64). El que preside el Concilio tuerce la declaración de Jesús quien en ningún momento ofende a Dios o a su naturaleza. Maldecir contra Dios en esos tiempos no era algo de poca monta (Lev 24.16). La Torá declara la pena capital por tal ofensa; sin embargo, la colonia judía no tiene el poder de decidir tal medida. Ha de deferirla al funcionario romano. Como se trata de una acusación teológica de herejía, saben de antemano que Pilato no la entenderá. Pero la confesión mesiánica también equivale a un crimen político: el Galileo se precia de ser "el rey de los judíos" (15.2).

Todos lo declaran digno de muerte (14.64). El jurado compuesto por sus 71 integrantes debía sesionar a la luz del día; pero éste no parece tratarse de un juicio "hecho y derecho". La crema y nata de la sociedad judía podía darse el lujo de presentar ante la autoridad a la gente pobre para avergonzarla sin mediación de ley alguna, pues ellos eran la ley. Lo que el Sumo Sacerdote está conduciendo es más bien una liturgia para desnudar a Jesús de su honorabilidad. Para excomulgarlo como falso profeta y enemigo de la paz social. De ello da fe la violencia física, verbal y psicológica abierta al público y que el mismo Pedro presencia (Lc 22.61). Escupirle indica un odio muy arraigado (Job 30.10) y señala su culpabilidad (Dt 25.9). Le cubren al rostro a quien desenmascaró las intenciones de los poderosos. Lo golpean (14.65), como le pegaban a los niños y a la servidumbre.

"Cardenal no come cardenal" es un dicho como si fuera un "evangelio chiquito" que resume la sabiduría de la calle: apelar a un tribunal más alto para encontrar la justicia es contraproducente. Los de hasta arriba no se comen entre sí. El pueblo hispano ha aprendido a distinguir entre lo legal y lo moral; pobre y empobrecido; minoría y minorizado; globalizadores y globalizados. En nuestros días al poder religioso, judicial, económico y político se le ha sumado el de los medios masivos de comunicación, pero la consigna sigue siendo la misma de tiempos de Jesús: la excomunión de los pobres. La nota liberadora, pese a todo ello, es que la llama por un mundo más habitable sigue ardiendo.

14.66-72 La visión de los vencidos

(Mt 26.69-75; Lc 22.55-62; Jn 18.15-18, 25-27)

Una de las criadas de Caifás (14.66). Por su condición de mujer y de sirvienta no podía testificar ante su superior Pedro. Pero con el poder adquirido de ser esclava del Sumo Sacerdote se lanza contra el fuereño una y otra vez (14.69). Ella y los demás (14.70) no quieren perder el acceso al palacio de Caifás; no quieren asociarse con subversivos.

Jesús el Nazareno (14.67). Para cuando escribe Marcos por el año 70 d.C., cristiano es sinónimo de nazareno. El evangelista se vale de esta tradición oral para animar a su generación a no claudicar sino seguir adelante en la obra de Jesús de humanizar la sociedad. El Imperio Romano, como estrategia de control social, ha desatado una persecución para forzar a quienes siguen al Libertador Jesús a negarlo.

Eres galileo y tu manera de hablar... (14.70). Los galileos están bajo la sospecha de ser gente rebelde, indómita, levantisca. El acento pueblerino, muy gutural, sin refinamiento taladra los oídos de la gente de la capital.

Maldecir y jurar (14.71). Ambas prácticas tienen un alto valor en sociedades orales como la de Jesús. Por eso le creyeron. Hoy en día tanto la palabra hablada como la escrita sufren una enorme devaluación.

Me negarás tres veces (14.72). Lo contrario de la Fe no es la in-creencia sino la desconfianza. Pedro todavía no asimila el ver a Jesús vulnerable, avergonzado, el hazmerreír de la turba. Al pescador le sobran agallas; pero se le agolpan las dudas respecto a su Rabí. Pedro fue el único que lo defendió volándole la oreja de tajo a un alto oficial (Jn 18.10); solamente él se atrevió a meterse a la cueva del lobo Caifás; de acuerdo con la tradición, Pedro no le temió a morir torturado en Roma (entre los años 64 al 67 d.C.). Pedro, como muchos galileos alérgicos al dominio romano, sabía que nadie se entregaba voluntariamente, lo cual equivalía al suicidio de su causa liberadora.

Lloraba (14.72). Rompe en llanto como un niño en parte porque le ha negado tres veces, también porque cruza su mirada con la de Jesús (Lc 22.61) y quizá porque por fin entiende la naturaleza del Reino por el cual su Maestro está muriendo.

Con Pedro nos identificamos algunos hispanos que tenemos un acento extranjero fortísimo, además de apellidos ligados por guiones. Otra parte significativa de la población hispana reniega de Pedro prefiriendo asociarse con la servidumbre y hasta con el Sanedrín mismo. Así es que existen unos 1,000 hispanos *minutemen* o cazadores de inmigrantes en la frontera sur de los EE.UU. Otros más prefieren obedecer el dictado de las encuestas que ejercer su pensamiento crítico con la resignación del "no se puede hacer nada por cambiar las cosas". Otros tantos en los seminarios y universidades sufren de tortícolis, o sea que su cuello está inclinado hacia las autoridades del Atlántico Norte en detrimento de sus raíces caribeñas y latinoamericanas.

15. 1-5 Viernes de Dolores; Pilato ante Jesús

(Mt 27.11-14; Lc 23.1-5; Jn 18.28-38)

Lo entregaron a Pilato (15.1). El quinto prefecto romano asignado para controlar Judea, Idumea y Samaria. Vivía en Cesarea, pero durante la fiesta patriótica de la Pascua subía a Jerusalén para apaciguar cualquier rebelión. Esta fiesta patria perdía brillo por la presencia del mandatario romano. Pilato duró en el cargo 10 años (26-36 d.C.); en cambio Caifás tuvo más olfato político para mantenerse en el suyo durante 18 años (18-36 d.C.). No fue coincidencia que ambos fueran destronados al mismo tiempo. La crueldad de Pilato y la colaboración de Caifás fueron insostenibles según el criterio del mismo imperio tiránico.

Pilato no tenía la más mínima consideración con los judíos. Una noche introdujo en Jerusalén estandartes con la imagen del César. En otra ocasión tomó dinero del templo para la construcción de un acueducto. El gobernador romano tenía de rehenes las vestiduras sacerdotales que el Sumo Sacerdote usaba una vez al año, el Día de la Expiación, para entrar al santísimo. El supremo sacerdote no era tal, pues su nombramiento estaba bajo el control de Pilato.

A estas alturas es útil abrir un paréntesis para precisar los términos "antisemita" y "antisionista". Según Génesis 9.26 Dios bendijo a los descendientes de Sem, pero éstos abarcaban no sólo a los judíos sino también a los pueblos árabe, caldeo y asirio. Es decir que el concepto semita rebasa con mucho a la nación judía. Sionismo, por otra parte, dice relación al movimiento ideológico político de 1948, llevado a cabo por algunos judíos con el fin de apropiarse del territorio palestino. Las guerras iniciadas por el moderno Estado de Israel contra los palestinos y los libaneses son, hablando responsablemente, ejemplo del antisemitismo sionista. El repudio mundial en contra de la política bélica invasora de los israelíes (conocidos como israelitas en tiempos bíblicos) no es antisemitismo sino antisionismo. La película de Mel Gibson "La pasión del Cristo" que exonera completamente a Pilato, hace recaer toda la culpa por la muerte de Jesús en las autoridades judías. Lo que Gibson nos deja ver no es su antisemitismo; el cineasta australiano deja al descubierto la costura de su espíritu antiisraelí o antijudío.

¿Eres Tú el rey de los judíos? (15.2). El suspicaz Pilato no se fía de los judíos. Por cuenta propia indaga dónde está parado el Galileo en relación con su lealtad a Roma.

Tú lo dices (15.2). Es tu boca la que lo afirma, diría el Jesús exhausto.

Jesús no respondió (15.5). No lo hace por la sencilla razón de que ya había contestado la misma pregunta. No contesta porque todo el proceso está muy suelto: ¿Dónde están el cargo formal, los testigos, la defensa, el juramento, el veredicto, la pesquisa correspondiente, el interrogatorio serio?

Pilato quedó muy extrañado (15.5). Acostumbrado a controlarlo todo a punta de bota militar, Jesús lo desarma. No es el Galileo quien comparece ante el gobernador; es Pilato ante Jesús.

La comunidad hispana tiene ventaja en la interpretación de este episodio. Desde hace más de medio milenio ha experimentado la militarización de nuestras sociedades originarias, a tal grado que ya está vacunada contra la propaganda de los Pilatos en turno de "hacerlo todo decentemente y con orden". ¿Dónde quedó el tan llevado y traído "derecho romano" en todo este trecho?

15.6-20 La muerte social de Jesús

(Mt 27.15-31; Lc 23.13-25; Jn 18.38-19.16)

Les soltaba un preso (15.6). ¿Es una válvula de escape para bajar la intensidad de la animosidad del pueblo contra Roma? ¿Se trata de propaganda imperial para mostrar su generosidad? ¿Está Pilato aplicando la tradición del "pan y circo" donde era el populacho el que dispensaba o no la vida de los gladiadores maltrechos por los animales, allá en el circo romano?

Barrabás (15.7). Pilato detecta la envidia de las clases dirigentes. Lo que no comprende es que Jesús ya firmó el certificado de defunción del sistema religioso-político inhumano anclado en el templo. En cualquier caso quiere aguarles la fiesta a los sacerdotes. El Sanedrín se lava las manos y manda el caso a Pilato; éste hace lo mismo y remite el asunto al pueblo. El gobernador está seguro de que logrará su objetivo cuando la multitud exonere a Jesús.

Los principales sacerdotes incitaron a la multitud (15.11). Pilato está perdiendo reflejos en su juego político. La campaña relámpago de las autoridades judías le gana la partida y no le resta más que retirarse como un perro con la cola entre las patas.

Crucifícalo (15.13). La mentalidad del pueblo colonizado sale a flote. En lugar de escoger la muerte de Jesús a través de la práctica judía ya sea por despeñamiento o a pedradas, optan por la pena capital romana de la crucifixión.

Queriendo satisfacer al pueblo (15.15). Hemos de distinguir entre la multitud de gente pobre campesina de la peregrinación y la masa citadina cuyo sustento de alguna manera depende de la industria del templo. Esta gente cuyos intereses se ven afectados por Jesús, es a la que Pilato quiere pasarle la mano, es decir, mantener tranquila.

Pretorio (15.16). Se refiere a la torre Antonia. Este cuartel militar estaba empotrado en la muralla norte de la ciudad. En esa fortaleza estaba estacionada una brigada de soldados romanos; allí residía Pilato mientras estaba en Jerusalén; y en ese mismo fuerte custodiaban el atuendo litúrgico que el Sumo Sacerdote usaba una vez al año. Cuando Herodes el Grande habitó esa mansión, mandó construir un túnel para tener acceso directo al atrio del templo.

Púrpura, corona de espinas, ¡salve rey de los judíos!, golpear la cabeza, escupían, le hacían reverencias (15.16-20). Lo que tiene lugar es el rito de despojar a Jesús de su honorabilidad. Paralelamente con la tortura física aquí estamos asistiendo al desafuero del Nazareno, a su excomunión, a su expulsión de la historia. Lo avergüenzan públicamente al vestirlo con los símbolos del poder de la entronización, los mismísimos que Él combatiera: púrpura, la diadema de laurel, el cetro, el *ave* de salve césar.

Lutero hacía la distinción entre la teología de la gloria, la cual maquilla la realidad y la teología de la cruz, la cual llama a las cosas por su nombre. Si bien es cierto que los soldados acatan las órdenes, no las negocian. También es verdadero que la guardia de Pilato maltrató a Jesús como si se tratara de un impostor, cuando las autoridades judías y romanas eran realmente las mentirosas. Las comunidades marginadas como la hispana saben cómo se siguen invirtiendo los valores. Los de arriba continúan llamando a lo malo bueno y viceversa. La buena nueva es que no faltan voces hispanas que llaman las cosas por su nombre. Éste es el caso de la poeta Julia Burgos; de la cantante Lila Downs o de la activista Dolores Huerta.

15.21-41 El trago amargo de la vía *dolorosa*

(Mt 27.32-56; Lc 23.26-49; Jn 19.17-30)

Obligaron a uno (15.21). Lo que el exhausto Jesús cargaba era según Juan (19.17) únicamente el travesaño (*patibulum*), dado que el madero vertical se clavaba en la tierra con antelación. Los soldados no son movidos por la ternura. Lo que pasa es que no quieren que pierda brillo el espectáculo terrorífico de la cruz. A Jesús lo quieren vivo, para escarmiento de quienes tengan la osadía de alzarse contra el Imperio.

Este episodio está ligado a la ley romana, la misma que obligaba a cargar el equipaje de sus soldados durante una milla. Esta vez el "agraciado" es Simón de Cirene. Fue en Tijuana, México, la frontera que sigue crucificando vidas humanas, donde hace un par de meses, presencié a Walter Wink dramatizando la resistencia enérgica de Jesús frente a Roma, en tres acciones concretas (Mt 5.38-42). "Cualquiera que te de un bofetón en la mejilla derecha...", el Galileo no se refería al golpe con puño cerrado, sino a la cachetada con el dorso de la mano, cuya finalidad era humillar a la gente de rango inferior. Esta práctica era usada por Roma contra los judíos y por los judíos contra las mujeres, los niños y la servidumbre. Dar la otra mejilla implicaba que el agresor usara su mano izquierda lo cual era imposible, pues ella estaba destinada para las "funciones bajas del cuerpo". El agresor se veía confundido y la víctima festejaría su triunfo en sus adentros. "El que quiera quitarte la túnica", Jesús hace alusión a que, cuando los más pobres no podían pagar un préstamo, la ley los avergonzaba al tener que entregar su túnica a su acreedor. Este la custodiaba durante el día y la devolvía cada noche para que el pobre no se privara de su túnica-lecho (Dt 24.10-13) y no le "rechinaran los dientes" de frío (Mt 25.30). Jesús aconseja darles la túnica y la ropa interior también, pues con su desnudez sería el prestamista el que sufriría la afrenta social (Gn 9.20-27). "Cualquiera que te obligue a llevar carga por una milla", Jesús tiene en mente el derecho romano que incluía este beneficio para sus soldados rasos: forzar a cualquier civil a cargarles el equipaje a través de una milla. Si se pasaban de esa distancia podían ser castigados con el cambio de su dieta de trigo a cebada, con una multa, o con latigazos. La propuesta de Jesús consistía en que los soldados invasores reconocieran la dignidad de los lugareños.

Simón de Cirene (15.21). Esta ciudad hoy forma parte de Libia, África del Norte. Así tenemos que el bebé Jesús fue un refugiado político en Egipto y ahora que está muriendo África nuevamente arrima el hombro solidario. Según el testimonio de Pablo (Ro 16.13), este africano transmitió su piedad a su prole. La gente de Cirene también recibió el Espíritu Santo durante el Pentecostés cristiano (Hch 2.10). Los tres simones, Pedro, el Leproso (14.3) y el de Cirene acompañan a Jesús, cada uno a su manera: "Cada quien estornuda como Dios le ayuda".

Gólgota (15.22). Palabra aramea traducida como el lugar de la calavera —en latín, el Calvario— estaba ubicado al norte de la ciudad, como a un kilómetro de distancia, fuera de la muralla (Jn 19.20). Como es de esperarse en las políticas terroristas, un desfile por las avenidas principales era parte esencial del ritual de intimidación y control social.

Le dieron vino pero no lo tomó (15.23). Era un vino drogado preparado por mujeres compasivas para anestesiar el dolor (Pr 31.6; Sal 69.21; 1 S 15.32). Jesús lo rechaza no por querer ser masoquista, sino porque se comprometió en una huelga seca, a no beber vino producido con la sangre de los pepenadores o recolectores de uvas (14.25).

Lo crucificaron (15.24). Este instrumento de tortura lo inventaron los persas y era repudiado por los judíos (Dt 21.23). Su equivalente contemporáneo lo constituye la horca en sus modalidades de caída larga y corta. William Calcraft fue el inglés que rompió todo récord al degollar a 450 personas en las plazas públicas. En los EE.UU. a partir del siglo XX se inventaron otros métodos "más humanos" que cohabitaron con el cadalso. En Delaware se usó por última vez en 1996 y en Washington y New Hampshire la horca todavía sigue vigente. Respecto a la aplicación de la pena capital las minorías de color somos mayoría.

Lo desnudaron (15.24). Las propiedades de los convictos les correspondían a los verdugos. Jesús viajaba ligero por la vida. Lo único que dejó tras de sí fue su ropa (Sal 22.18). Marcos simultáneamente intenta comunicar el sarcasmo y la arrogancia imperiales: miren a su rey desnudo, un pobre diablo. Hasta el siglo VI todavía los crucifijos mostraban totalmente desnudo a Jesús, en memoria de lo vergonzoso del castigo —sobre todo en esa cultura donde al cuerpo hay que esconderlo—. El 9 de abril de 1945 Hitler ahorcaba al pastor luterano Dietrich Bonhoeffer, también desnudo.

La hora tercera (15.25). A las nueve de la mañana. Delito: "el rey de los judíos" (15.26), ese fue el *titulus* que indicaba un crimen político.

Dos ladrones a la derecha y a la izquierda (15.27). Jacobo y Juan brillan por su ausencia en la hora suprema de beber el último trago mortal. Jesús el rey ha de conformarse con su escolta real de esos dos seres sin linaje. La tradición oral conoce a los condenados como Dimas y Gestas. El mensaje que se quiere transmitir es el alto grado de peligrosidad de Jesús como el cabecilla de los insurrectos políticos (Is 53.12), los cuales tampoco estaban muy contentos que digamos con Jesús (15.32).

A otros salvó (15.31). La teología disfuncional con sus características sutilezas, se columpia tratando de descifrar el significado del nombre

Jesús: "Dios salva". Esconde las otras acepciones de salvar: liberar, sanar, confortar. En nuestros días se impone la teología inútil que no se puede traducir en "arroz y habichuelas", en arroz congrí, en gallo pinto, en moros y cristianos, en casamiento, en arroz a la mexicana. Por lo pronto "este arroz ya se coció".

Hubo tinieblas sobre toda la Tierra (15.33). La oscuridad en este contexto indica la solidaridad de Dios y su juicio contra las autoridades civiles y religiosas, judías y romanas que asesinaron a su Hijo (Dt 28.29; Am 8.9).

Eli, Eli, ¿lamá sabactaní? (15.34). Jesús tararea la letra de la canción (Sal 22.1) en arameo, Dios mío, Dios mío, ¿por qué me has abandonado? Veamos si viene Elías (15.36). Al parecer en lugar de escuchar *Elí*, o Dios mío, entendieron Elías. ¿Creían que Jesús sería también arrebatado al Cielo? (2 Re 2.9-11). Quizá todavía se aferran a la tradición según la cual Elías regresaría a prepararlos para el Juicio Final (Mal 4.5).

Esta frase del Nazareno ha sido comentada desde los más diversos ángulos. Uno de ellos tiene que ver con la justicia divina: ¿Por qué Dios permite el mal en el mundo? Tres siglos antes de Cristo, el filósofo Epicuro intentaba dar cuenta de ello a punta de martillazos: "O bien Dios no quiere eliminar el mal o no puede; o puede pero no quiere; o no puede y no quiere; o quiere y puede. Si puede y no quiere es malo, lo cual naturalmente debería ser extraño a Dios. Si no quiere ni puede, es malo y débil y, por tanto, no es ningún dios. Si puede y quiere, lo cuál sólo es aplicable a Dios, ¿de dónde proviene entonces el mal o por qué no lo elimina?". Epicuro le sacó la vuelta al verdadero problema: ¿Por qué los seres humanos permitimos el mal en el mundo? Jesús está muriendo por eso mismo, por combatir los reinos de impiedad.

Agustín de Hipona negó que Jesús haya expirado con el grito a todo pulmón ¿Por qué me has desamparado? Según este obispo la naturaleza divina de Jesucristo lo libró de tal penuria. El Evangelio de Lucas neutraliza la fuerza a las últimas palabras de Jesús añadiendo otras más "correctas políticamente" (Lc 23.34, 43, 46).

Expiró (15.37). El velo del templo se rasgó en dos, de arriba abajo (15.38). El templo tenía dos velos, el primero estaba a la entrada para dividir el atrio del santuario (Ex 26.37); el otro, hecho con pelo de camello, separaba el santuario del lugar santísimo (Ex 26.31). En cualquier caso el desgarramiento no apunta hacia el sacerdocio universal de todos los creyentes; es más bien la proclamación de una manera totalmente diferente de ser comunidad. La presencia de Dios no girará en torno a los rituales mágicos y estériles sino de una liturgia que no se desentiende de compartir el pan con la persona hambrienta. Como en tiempos del profeta Ezequiel (cap. 10), Dios rompe con el templo; pero ahora para siempre (11.12-26; 15.58; 15.29). En tres días resucitará y con ello su cuerpo pascual será el nuevo santuario (Ef 2.14).

Ésta es el acta de defunción de "todo muro divisorio hostil" (Ef 2.14). Los pecados de la arquitectura quedan atrás; no más segregación de la mujer, el extranjero, el laico, el pobre, el eunuco, el fuereño, el enfermo, el lisiado.

Verdaderamente éste era el Hijo de Dios (15.39). La muerte de Jesús ha universalizado la gracia divina (Gal 3.28) y ha puesto al descubierto el ídolo de los doctores en teología, el cual exige sacrificios humanos (Jn 16.2).

Petronio, como la tradición oral lo reconoció, tenía bajo su mando a 100 soldados; se convierte a la causa del condenado Jesús. Es el primero en darle el título de Hijo de Dios a Jesús. Eso también significa el rompimiento de su lealtad para con el César.

Había algunas mujeres mirando de lejos (15.40). ¿Se debería su distancia al cordón militar físico y a la valla psicológica de los sacerdotes judíos con sus leyes de pureza? ¿Por qué entonces Juan las presenta al pie de la cruz (Jn 19.26)? ¿Tenía problemas Marcos con las mujeres? Antes de este episodio Marcos únicamente cita a dos mujeres por nombre y ambas juegan un papel negativo, es decir María y Herodías (6.3, 14ss). El resto de la población femenina que registra siempre tiene un valor derivado de algún varón.

Más vale tarde que nunca. El trío íntimo de Jesús, compuesto por Pedro, Jacobo y Juan, corre paralelo con la trinidad integrada por María Magdalena, María la madre de Jesús y Salomé. En tiempos de Marcos los nombres de María o Miriam y Salomé eran el nombre de la mitad de las mujeres judías. Respecto a los nombres bíblicos en general, se han contabilizado 1,426 masculinos y escasamente 111 femeninos.

Lo seguían en Galilea (15.41). De María Magdalena Lucas 8.2 sostiene que estuvo posesa por siete demonios, es decir, en su totalidad. Ese dato le llega de rebote a Marcos en el añadido tardío de 16.9. Así mismo en el siglo VI d.C. el papa Gregorio afirma que ella emergió del mismísimo prostíbulo. En honor a la verdad, María Magdalena comparte con María de Nazaret un lugar de honor al ser las mujeres más prominentes del Nuevo Testamento. Lo seguían (15.41) también significa que, contrariamente a lo que se afirma, las mujeres de la clase trabajadora ejercían oficios de todo tipo: carniceras, campesinas, abarroteras, lavanderas, cocineras, textileras, zapateras, molineras, panaderas, músicas, administradoras de posadas y también tenían mucha más libertad de movimiento y contacto social que las mujeres ricas.

15.42-47 Sábado de Gloria; la cristiana sepultura

(Mt 27.57-61; Lc 23.50-56; Jn 19.38-42)

La víspera del sábado (15.42). El ocaso de la tarde marcaba la transición al nuevo día judío, pero aquí se trata del Sábado Pascual, el día más importante del año. Las personas crucificadas podían resistir con vida por varios días. Pero en ocasiones como ésta se les "asistía" en su muerte pues no podían permanecer colgantes durante la fiesta. Lo que correspondía era arrojar los cadáveres a una fosa común cercana al valle de la Gehenna, o sea, del basurero humeante donde se incineraba la basura y que posteriormente se asoció con el Infierno. Lo ordinario era dejar los cadáveres pendientes del patíbulo para que los perros, fieras y aves de rapiña los devoraran, pues la sepultura honrosa para esas personas era inconcebible.

José de Arimatea (15.43), intercede ante Pilato dado que el Imperio prohibía darle sepultura a este tipo de ejecutados. La persecución continuaba hasta la tumba. Dio el cuerpo (15.45). La mortaja está lista para recibir el cadáver de Jesús.

Lo puso en un sepulcro (15.46). La ley judía estipulaba que el difunto tenía que sepultarse (Dt 21.23). El sepulcro puro que nadie ha usado era una medida relacionada con las leyes de pureza. Un maldito crucificado no puede enterrarse en un sepulcro compartido pues contaminará a los otros huéspedes. Únicamente las personas adineradas poseían tales tumbas en la ciudad capital.

La tradición que brega con José de Arimatea y que recoge Marcos tiene aristas que limar. Si José era tan influyente y decidido, ¿cómo es que no saltó antes al escenario para impedir tal crimen? ¿Cómo conciliar el sepulcro de Jerusalén con la profecía "fue con los impíos su sepultura" (Is

53.9)? ¿No es la fosa común, próxima al Gehenna o basurero humeante, más compatible con la versión transmitida independientemente, del Jesús que "bajó a los Infiernos" (1 Pe 3.18-22)?

María Magdalena y María la madre de José miraban (15.47). Las discípulas nunca rompieron relaciones con su Rabí. De hecho, no son comparsas en el credo primitivo "Jesucristo murió... fue sepultado... y resucitó..." (1 Co 15.3-4). Al final de su narrativa Marcos voltea la tortilla: inserta a las "apóstolas" que no evadieron la cruz como marca del discipulado (8.34-35), a diferencia de los discípulos desbandados.

El negarle su sepultura (Dt 21.22-23) sería la coronación lógica de todo ese ritual mortuorio por el que ha pasado Jesús, con tal de liquidar su imagen profética. Las comunidades que viven fuera de la ciudad amurallada saben en carne propia que la cristiana sepultura es un lujo reservado para unos pocos. Los balseros haitianos y dominicanos, los mojados latinoamericanos, los cuerpos de color devorados por el sol abrasador del desierto, los cadáveres que no consiguen regresar a la tierra que los vio nacer, otros tantos restos que viajan en bolsas de plástico. Para todos ellos es la promesa de Resurrección de Jesús.

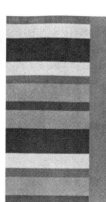

Resurrección y vuelta a Galilea
16.1-8

Capítulo 5

16.1-8 Domingo de Resurrección; de la boca del sepulcro a la boca de la comunidad galilea

(Mt 28.1-10; Lc 24.1-12; Jn 20.1-10)

Respecto al último capítulo del Evangelio de Marcos, hay biblistas que notan una clara ruptura entre 16.8 y el resto del material. Así tenemos el final corto que culmina en 16.8 y la conclusión larga que se prolonga hasta el 16.20. Esto no significa que la tradición conservada en esos 12 versículos extras no sea valiosa, sino sencillamente que fue un agregado tardío.

El final corto de Marcos termina con la narración del tercer envío a la misión. El final largo incluye lo que los manuscritos más antiguos dejan fuera, es decir, la aparición de Jesús a María Magdalena, la aparición y comisión a los doce apóstoles y la Ascensión. Desconocemos las causas del cierre tan inesperado del texto corto; pero queremos pensar que el ingenioso autor lo dejó abierto para escribir los nombres de la inmensa nube de mujeres y hombres continuadores de la causa del Reino. Marcos entonces crea el espacio para lo inédito, para lo que no se ha dicho ni escrito. Éste es el tiempo y lugar de la gracia divina para decir nuestra palabra y para seguir andando el camino del Nazareno ahora en el siglo XXI, desde las entrañas del Imperio.

Para ir a ungirlo (16.1). Cómo es de ingrata nuestra amnesia histórica. El trío de mujeres olvidan que la consigna de Jesús "en memoria de ella", brega precisamente con la unción para su muerte (14.8). El primer día de la semana (16.2), se denominó posteriormente como el Día del Señor (Ap 1.10) o en latín *dominus* de donde vienen nuestras palabras domingo, doña y don. Vino a ser día por excelencia del culto cristiano.

María Magdalena (16.1), la "Apóstola de los apóstoles", la primera cristiana, quien primero presenció y predicó la Resurrección, la primera profesora de los apóstoles, una de las primeras discípulas; en resumidas cuentas: la discípula amada.

¿Quién nos removerá la piedra? (16.3). La roca es símbolo de la pesantez cósmica, de la permanencia de la materia. Un joven vestido de blanco (16.5) nos recuerda al joven que huyó desnudo para evadir la policía sanedrita (14.51-52). Ahora viste las ropas de los mártires (Ap 7.9, 13) pero al final de la jornada canta la victoria pascual. Ha resucitado (16.6), se ha levantado y ya está en movimiento de nuevo. Vayan y digan (16.7), aquí tiene lugar el tercer envío a la misión (1.17; 8.34). Él va delante de ustedes a Galilea (16.7), o la tierra de paganos, de tinieblas (Is.9.1), lugar privilegiado por Dios. No dijeron nada a nadie (16.8). ¿Sería acaso por el decreto imperial del siglo primero que declaraba la pena capital a las amistades del difunto cuyo cuerpo fuera robado?

El cierre que no es cierre de Marcos termina donde empezó: en Galilea (1.4). Jesús resucita en quienes continúan su programa: "hágase tu voluntad en la tierra como en el cielo". O, dicho en otros términos, hemos de seguir cambiando el mundo a la imagen del Reino de Dios. El legalismo, el ritualismo y la hostilidad de Judea-Jerusalén-templo quedaron atrás; lo que se impone es la hospitalidad y la compasión por los grupos humanos degradados de Galilea y de todo lugar.

"Vayan a Galilea" es la reiteración al discipulado, "a Dios orando y con el mazo dando", o en la poesía anónima centroamericana: "Los ángeles no son enviados a cambiar un mundo de dolor por un mundo mejor; me ha tocado a mí hacerlo realidad. Ayúdame Señor a hacer tu voluntad". Galilea simboliza el regreso a la mesa franca donde nadie pasa hambre (caps 6-8); a la reapertura de la comunidad de mesa del movimiento cristiano incipiente, mencionada dos veces por su importancia (Hch 2.46; 4.32-37). En el siglo XXI la mayoría de quienes siguen a Jesús ya no se encuentra entre los países del Atlántico Norte, ni entre la raza dominante a la que perteneció Constantino. Esto significa que la consigna "vayan a Galilea" recobra su fuerza original de construir un reino diferente al de Jerusalén y al del imperio que mata.

La Iglesia primitiva celebraba la Pascua de Resurrección cada semana; posteriormente se relegó a una vez al año. No sólo se espació temporalmente, sino que también se "espació espacialmente". Si la muerte es la vuelta al polvo, la Resurrección es el regreso del polvo o la redención de la materia. Por ello la Pascua de Resurrección coincide con el inicio de la primavera. Por eso también muchas de las primeras pilas bautismales eran octagonales: para recordar los siete días de la Creación y el octavo día de la re-creación. Desafortunadamente, desde temprana época se divorció a la Resurrección de la Creación, remitiéndola para el Reino celestial ultramundano.

Marcos urge a su público lector de los años 70 a caminar rumbo a Galilea para continuar transformando el reino de Nerón conforme al Reino de Dios. Sin embargo, Mateo (26.28) poco después regresa al sistema de pureza del templo, al hablar de la sangre de Cristo vertida en la cruz como pago de los pecados de los escogidos, y todo ello con un lenguaje centrado en el sacrificio. Ya en el siglo XIV Juan Wycliffe denunciaba "la transustanciación de la hostia es una superstición". Y qué decir de muchos de nuestros cultos tan indiferentes ante la cotidianidad y de nuestras estructuras eclesiásticas burocráticas tan desligadas de los pobres.

Marcos nos urge a regresar a Galilea para reencontrarnos con Jesús, hijo de José de Nazaret (Jn 1.45) señalando con su cayado: *Ecce Panis*, ¡He ahí el Pan!

Las apariciones y la ascensión de Jesús 16.9-20

Capítulo 6

16.9-11 Miscelánea de posdatas: María Magdalena

(Jn 20.11-18)

Ya a mediados del siglo II d.C. encontramos este apéndice (16.9-20) para suavizar el final áspero de Marcos. La secuencia de este segundo cierre sigue básicamente el capítulo 24 de Lucas.

Había echado siete demonios (16.9). Significa que Jesús sanó en su totalidad a esta "apóstola" (Lc 8.2). Esta sección es una cascada de dudas: ¿Por qué presenta a María Magdalena por segunda ocasión? ¿Cómo es que no la relaciona con la mujer que ungió a Jesús para su muerte? ¿A qué se debe que esta discípula tiene dos encuentros con el resucitado (16.1, 9)?

No lo creyeron (16.11). En la cultura de Jesús la mujer no contaba como testigo. En las sinagogas para poder celebrar un culto se requería la presencia de un mínimo de diez hombres. La buena noticia es que el Nazareno baja el quórum a 2 ó 3 personas y lo hace más interesante, pues incluye a mujeres (Mt 18.20). Jesús le entrega la primicia de la Resurrección a María Magdalena; pero no le creen, porque les falta convertirse a la causa de la mujer.

16.12-13 Los comensales de Emaús

(Lc 24.13-35)

Jesús quiere cerciorarse que los 12 entiendan de una vez por todas, que su Reino no es como los de este mundo. El Galileo privilegia primero a las mujeres como dignas para testificar de su Resurrección; y luego favorece a dos discípulos que no pertenecían a los 12. Lucas registra el nombre de uno: Cleofas (Lc 24.18). Eso nos permite creer que se trata de una pareja de misioneros en tanto que las mujeres eran innombrables. En el reino de Pilato las mujeres contaban en el sentido de que en lugar de nombres se les asignaba un número; pero en el Reino de Dios ellas reciben los primeros frutos de la Resurrección.

Jesús liga las mesas y la hospitalidad prepascual-pascual-postpascual.

16.14-18 Jesús comisiona a los apóstoles

(Mt 28.16-20; Lc 24.36-49; Jn 20.19-23)

Sentados a la mesa (16.14). Este mueble es un lugar luminoso donde Dios se revela y donde recrea a su pueblo (Hch 10.41). Mateo desplaza la mesa por la montaña (Mt 28.16).

Vayan por todo el mundo y prediquen el Evangelio (16.15). El Reino de Dios, particularmente como lo presenta Marcos, no conoce fronteras. La gracia divina no la puede contener nación alguna. El amor de la familia trinitaria incluye a los seres que no tienen cabida en Jerusalén o Roma. Mateo, en cambio, sigue beneficiando a Israel: "vendrán muchos del oriente y del occidente y comerán con Abraham, Isaac y Jacob en el reino de los cielos" (Mt 8.11). Jerusalén sigue siendo el ombligo del mundo y los judíos la raza escogida.

Crea y sea bautizado (16.16). Este no es un texto para justificar ni el bautismo de adultos, ni la recuperación del sí personal a través de la confirmación o profesión de fe. Bautismo en griego significa inmersión, lo mismo que en náhuatl "chilaquil" quiere decir zambullir el pedazo de tortilla en la salsa picante. Jesús invita a toda persona al discipulado gozoso, ¡las 36 horas del día!

16.19-20 La Ascensión

(Lc 24.50-53)

Se sentó a la derecha de Dios (16.19). Antes de posesionarse de ese lugar de mando Jesús enseñó a sus seguidores a distinguir entre autoridad y autoritarismo; entre autoridad y abuso de autoridad; entre mandar con órdenes y mandar obedeciendo.

Confirmando la palabra con las señales que la acompañaban (16.20). El de Marcos es el evangelio de la palabra y la acción; de la oración y el camino; de la eucaristía y el banquetazo donde "un invitado invita a cien"; del perdón de los pecados espirituales y las deudas económicas; del anuncio de la salvación personal y comunitaria; del buen pastor y del trueno del profeta.

En las Islas Vírgenes comparan a su sociedad afrocaribeña con una cesta llena de jueyes o cangrejos. Cuando alguno de ellos tiene la osadía de trepar por las paredes para escapar del cocinero, el resto afila sus pinzas para impedírselo. Infelizmente esa imagen describe también a otras comunidades pisoteadas: la mujer contra la mujer; la gente de color contra la gente de color; los pobres contra los pobres, etc. Lo liberador es que la Ascensión de Jesús, en este contexto, nos abre la puerta para darnos permiso de ser nosotros mismos y apoyarnos los unos a las otras.

Lo que sucede con la cesta de jueyes es que la clase dominante le allana el camino a algunos de los de abajo para ascender en la sociedad y junto con ello penaliza al resto que yace en el fondo. Explicarán que la razón para no ascender se debe a su holgazanería, falta de ambición, o su espíritu del "mantengo", es decir, de la dependencia. Pero la cuestión de la ascensión social no es tan simple. Los imperios permiten a las elites locales ascender para luego traicionar a sus pueblos condenándolos a la destrucción en sus propias manos.

La Resurrección y Asunción de Jesús, en cambio, no ocurrieron para desentenderse del diario vivir o malvivir de su gente, o para poner en cuarentena la situación política y económica de nuestro entorno. Todo lo contrario. El Jesús glorificado proclama que Dios quiere que las multitudes necesitadas alcancen su destino. No que el destino las alcance tirándolas de la escalada en el cesto, sino que logren arribar a su destino final, es decir, que consigan realizar sus proyectos de vida plena y solidaria: acceso a la alimentación, salud, educación, ocio, techo, trabajo.

La resurrección y ascensión de Jesús son la garantía del acompañamiento amoroso de Dios en las causas justas, por muy perdidas que parezcan. Son la victoria de la Vida Original, la cual nos remite a nuestro lugar de origen: las balsas del Golfo de México; el tiroteo del barrio del Bronx; las redadas antiinmigrantes en Austin; la negación de la licencia de conducir en California; las familias desmembradas por la guerra; la mano de obra esclava en la cadena alimenticia; la distorsión del genio y espíritu de las comunidades marginadas.

La Resurrección y Ascensión de Jesús nos recuerda la huelga más larga de los estadounidenses, el boicot agrícola organizado por César Chávez y su grito: "Sí se puede".

Bibliografía selecta

Belo, Fernando. *A Materialist Reading of the Gospel of Mark* (Maryknoll, NY: Orbis, 1981).

Bravo, Carlos. *Jesús hombre en conflicto; el relato de Marcos en América Latina* (México, D.F.: Universidad Iberoamericana-Centro de Reflexión Teológica, 1996).

Câmara, Dom Helder. *El evangelio con Dom Helder* (Santander: Sal Terrae, 1987).

Cardenal, Ernesto. *El evangelio en Solentiname I-II* (Salamanca, España: Sígueme, 1978).

Gnilka, Joachim. *El evangelio según san Marcos I-II* (Salamanca, España: Sígueme, 1999).

González, Justo L. *Mark's Message: Good News for the New Millennium* (Nashville: Abingdon, 2000).

Kinukawa, Hisako. *Women and Jesus: A Japanese Feminist Perspective* (Maryknoll, NY: Orbis, 1994).

Levine, Amy-Jill (ed). *A Feminist Companion to Mark* (Sheffield, England: Sheffield Academic Press, 2001).

Myers, Ched – et al. *Say to This Mountain: Mark's Story of Discipleship* (Maryknoll, NY: Orbis, 1996).

Pikaza, Xabier. *Pan, casa, palabra; la iglesia en Marcos* (Salamanca, España: Sígueme, 1998).